Peter Bandali

Nicht mehr über Tyrannen reden!

Lösungsvorschläge für einen gelingenden
Umgang und ein gesundes Zusammenleben

swb media publishing

Bibliografische Information der Deutschen Nationalbibliothek:
Die Deutsche Nationalbibliothek verzeichnet diese Publikation in der
Deutschen Nationalbibliografie; detaillierte bibliografische Daten sind im
Internet über http://dnb.d-nb.de abrufbar.

1. Auflage 2015
ISBN 978-3-945769-16-4
© 2015 Südwestbuch Verlag, Gaisburgstraße 4 B, 70182 Stuttgart
Lektorat: Dr. Heiger Ostertag, Stuttgart
Titelgestaltung: Sig Mayhew/www.mayhew-edition.de
Titelfoto: © Peter Bandali
Satz: Südwestbuch
Druck, Verarbeitung: Rosch-Buch, Scheßlitz
Für den Druck des Buches wurde chlor- und säurefreies Papier verwendet.

www.swb-verlag.de

„Mein Dank gebührt meiner Frau,
ohne deren Beitrag dieses Buch nie
hätte entstehen können, und meinen
drei Kindern: die besten Lehrmeister."

Inhalt

Einleitung

Ich habe vor geraumer Zeit viele Tyrannenbücher und weitere, welche die Aggressionen oder andere Verhaltensauffälligkeiten bei Kindern beschreiben, rechtfertigen oder als normal betrachten, gelesen. Und ich erwartete Lösungen oder zumindest Lösungsvorschläge, welche den Eltern greifbare Handlungsalternativen an die Hand geben und sie aus ihrer Hilflosigkeit befreien, musste jedoch immer wieder eines Besseren belehrt werden.

In manchen Werken nahm ich, zusätzlich zur bemerkenswerten eindeutigen Darstellung der Differenzierung des emotionalen Entwicklungsstandes, eine Schuldzuweisung wahr. In anderen Werken wiederum fand ich eine Relativierung der Schuldzuweisungen und einen Appell an Eltern, Lehrer und Erzieher, eine Beziehung zu den Kindern aufzubauen. Und in weiteren Büchern wird den Eltern stark moralisierend dargelegt, dass ein großer Teil des kindlichen Verhaltens kind- und altersgerecht ist, dass dieses akzeptiert werden muss und die Kinder als solche hingenommen werden müssen. Ferner gibt es Werke, in denen die gesellschaftlichen Veränderungen mit den diversen Stressoren angeprangert werden. Der nebenbei häufig gut gemeinte Rat, Eltern sollen auf ihre Intuition zurückgreifen, ist hingegen explosiv. Wenn eine Frau oder ein Mann, welche in sozialer Deprivation mit Gewalterfahrungen aufgewachsen sind, sich nur auf ihre Intuition, ohne diese zu reflektieren, verlassen würden, würden sie wie ihre Eltern handeln und ihren

Kindern emotionale Kälte und Gewalt zukommen lassen. Ich werde diesem Thema ein eigenes Kapitel widmen.

Als das erste dieser Bücher die Bestsellerlisten gestürmt hat, freuten sich die „Praktiker" über ein aussagekräftiges Buch, welches ihnen zum Teil aus der Seele gesprochen hat. Nicht alle waren mit allen Ausführungen d'accord[1] , würdigten aber die Klarheit, mit welcher endlich wieder lang vergessene entwicklungspsychologische Aspekte zum Vorschein gebracht wurden. Es gefiel vielen Praktikern, dass die Kindheit wieder als solches in den Fokus geraten ist, und das Kind unterm Mikroskop gelegt wurde, um dieses vom erwachsenen Menschen zu differenzieren. Die Eigenständigkeit des Kindes ist nicht in Frage gestellt worden, und trotzdem wurde es nicht als „kleiner Erwachsener" betrachtet. Mehr noch, die Unabhängigkeit des Kindes von seinen Bezugspersonen wurde differenziert dargestellt, mit dem Fokus auf die Gefahren der pathologisierenden Symbiose zwischen Bindungsperson und Kind. Diese entsteht bei einer Einbeziehung des Kindes in das persönliche Erleben der Bindungspersonen und dem Mitempfinden der Bindungspersonen der kindlichen Erfahrung (hier geht es um mehr als um die notwendige Einfühlsamkeit, wie wir im weiteren Verlauf noch verdeutlichen werden).

Somit fand man sich in den Ausführungen über das Ende der Partnerschaftlichkeit in Erziehungsprozessen wieder. Nachdem die freie Pädagogik ausprobiert worden ist, stellte man fest, dass Pädagogen und Eltern damit gegen die Wand

---

[1] Es wird auch nie erwartet, dass ein Theoretiker mit den Theoriekonglomeraten anderer Theoretiker immer 100% konform geht.

gefahren sind, und neue Alternativen wurden gesucht. Die Wichtigkeit der Grenzen wurde neu entdeckt, brachte aber kein Paradigmenwechsel, da das Wort Grenzen eine neue Bezeichnung der Regeln darstellte, ohne dass hierzu Stellung bezogen wurde. Viel wichtiger hingegen ist, dass der Sicherheit gebende Faktor durch eine vorhandene Autorität eine neue Bedeutung erhielt. Die Eindeutigkeit und Integrität im Verhalten der Eltern erwies sich als richtungweisend im Erziehungsprozess. Die Elternrolle sollte neu definiert und die Ebenen neu bewertet werden. Eltern sollten wieder Eltern werden. Der Auftrag der Eltern, Lehrer/innen und Erzieher/innen ist mehr als nur reine Grenzsetzung. Vor Jahren wurde der Satz: „Kinder brauchen Grenzen" immer wieder erwähnt, um der freien Erziehung entgegenzuwirken. Dass Kinder Grenzen benötigen steht außer Frage, ist aber definitiv nicht elementar. Es geht nicht darum, den Kindern dieses oder jenes zu verbieten, um ihnen das „Nein" beizubringen, sondern um die Erstellung eines Rahmens, in dem sich die Kinder frei entwickeln und entfalten können.

Ferner ist es, wie im Weiteren gesehen wird, wesentlich wichtiger, den Kindern Sicherheit und Geborgenheit zu geben. Die Eltern, Lehrer/innen und Erzieher/innen sind der grenzende Rahmen, der immer für die Kinder da ist und ihnen Sicherheit gibt. Mit dem Rahmen, den diese Bezugspersonen darstellen, lernen die Kinder, ihre Freiheit zu erkennen und damit umzugehen. Dieser Rahmen ist es aber auch, der den Kindern erlaubt, Fehler zu machen. Das kindliche Lernen entspricht der wissenschaftlichen Forschung. So wie diese Hypothesen aufstellt, diese verifiziert oder falsifiziert, um zu einer These zu gelangen, lernen Kinder über Versuch und Irrtum. Somit ist das Irren, also Fehler machen, ein unzertrennlicher Teil der kindlichen Entwicklung und muss erlaubt, unterstützt und aufgefangen werden. Hierzu wird die rahmenbietende Bindungsperson dringend benötigt.

Einführung

Seit mehreren Jahren werden nunmehr entwicklungspsychologische Gedanken, gepaart mit bindungstheoretischen Hintergründen, in den Vordergrund der pädagogischen Arbeit gesetzt. Unzählige Veröffentlichungen darüber landen in den Bibliotheken der Fachleute, ohne die „breite Masse" der Bevölkerung zu erreichen. In der Alltagspraxis haben die Bindungstheorie und die Bindungsstörungen einen extrem hohen Stellenwert. Sie sind eine der Hauptursachen für die unterschiedlichen Störungsbilder bei Kindern. Hier wird eine Ursachenforschung betrieben, um das Problem zu erkennen und zu beheben, ohne dass die Konzentration nur auf das daraus entstehende Symptom gerichtet wird.

Wenn erwachsene Menschen ein störendes Verhalten bei einem Kind sehen, wird das Verhalten als ein oder als „das" Problem betrachtet. Dieses ist aber nur in den seltensten Fällen so. Erstens ist zu bewerten, ob dieses Verhalten ein störendes im pathologischen Sinne oder eher ein altersadäquates, welches von den Erwachsenen als störend wahrgenommen wird, ist. Das Verhalten, im Sinne einer Verhaltensauffälligkeit, welches ohne Zweifel störend ist, ist immer der Ausdruck eines tiefer liegenden Problems. Es ist somit nur ein Symptom und muss als solches betrachtet werden. Wenn sich die Eltern, Lehrer/innen und Erzieher/innen dementsprechend nur auf eine Symptombehandlung konzentrieren, erreichen sie unter Umständen, dass das vorhandene Symptom verschwindet. Es wird dann aber durch ein anderes ersetzt. Mit viel Glück ist dann das neue Symptom nicht so störend und unschädlicher als das behandelte. Mit den medikamentösen psychiatrischen Eingriffen, wird den Kindern kein neues Verhalten beigebracht oder von ihnen erlernt, sondern die vorhandenen und nicht gewollten Verhaltensmuster kommen zu einem Stillstand. Dieser Stillstand hält unter dem Einfluss der Medikamente an. Die Wahrscheinlichkeit, dass die alten Verhaltensweisen zurückkehren, ist nach Absetzen der Medikamente sehr hoch. Somit hat nachweislich kein Behandlungserfolg stattgefunden. Um eine reale Stabilisierung langfristig zu erreichen, bedarf es der Erkennung und der Behebung des ursächlichen Problems. Dieses kann nur unter Einbeziehung der seither im pädagogischen Diskurs vorhandenen und in Vergessenheit geratenen entwicklungspsychologischen und bindungstheoretischen Gesichtspunkte erfolgen.

Bereits 2002 wiesen Hüther und Boney in ihrem Buch „Neues vom Zappelphillip"[2] auf die Bindungsebene hin, um die zu dem Zeitpunkt moderne Diagnose ADS oder ADHS neu zu definieren. Kaum ein Teilnehmer[3] bundesweit hat von diesem Buch gehört. Inhaltlich ist es fundiert und Perspektiven aufzeichnend. Es betrachtet die Haltlosigkeit und Rastlosigkeit bei manchen Kindern, welche als Aufmerksamkeitsstörung diagnostiziert werden, als problematisches

---

[2] Hüther, G., & Bonney, H. (2002). Neues vom Zappelphilipp: ADS/ADHS verstehen, vorbeugen und behandeln. Eltern und Kinder. Düsseldorf [u.a.]: Walter

[3] An diversen Fort- und Weiterbildungsinstituten und –akademien halte ich Fortbildungen den pädagogischen Bereich betreffend in der Arbeit mit geistig behinderten Menschen, mit psychisch erkrankten oder behinderten Menschen oder in der Jugendhilfe.

Verhalten, welches in jedem Einzelfall als ein Symptom, basierend auf eine Bindungsstörung betrachtet werden kann.

Wenn über Ursachenforschung gesprochen wird, ist damit auf keinen Fall gemeint, dass es eines Schuldigen bedarf, um das Problem zu bearbeiten oder zu lösen. Bindungsschwierigkeiten und Bindungsstörungen entstehen nicht daher, dass sich „böse Eltern" nicht um ihre Kinder kümmern. Es gibt viele kleine Bausteine, kleine Ursachenpunkte, die, wenn sie aufeinander treffen, ein Konstrukt etablieren, aus dem ein Störungsbild, im Sinne der Bindungsstörung, entstehen kann.

Unter Ursachenforschung versteht man, das Problem, welches hinter dem dargelegten sichtbaren Symptom steht, zu definieren. Einen Schuldigen zu suchen und zu finden, löst kein Problem, auch wenn es in der politischen Alltagspraxis das gängigste Modell darstellt. Die meisten Eltern, denen die Pädagogen in ihrer praktischen Arbeit begegnen, lieben ihre Kinder und wollen nicht nur eigentlich - sondern wirklich - das Beste für sie. Unglückliche Situationen entstehen aus unterschiedlichen Gründen. So wie damit in unserer Gesellschaft umgegangen wird, wird eine Verstärkung und eine Ritualisierung des Problemverhaltens erreicht. Das problematische Verhalten wird durch den verzweifelten Versuch, es durch Schuldzuweisungen und Moralisierungen zu unterbinden, verfestigt und erlangt eine Wichtigkeit an sich, und wird zum Teil zum einzigen Merkmal, über das das Kind sich definiert. Es lernt, dass sein Ich negativ besetzt ist, fügt sich den Erwartungen (passt sich an oder kooperiert) und kann sich nicht mehr anders verhalten. Verhaltensweisen in der frühen Kindheit prägen das Leben. Es gibt unterschiedliche Verhaltensweisen bei kleinen Kindern, über welche die erwachsenen Menschen und auch die Eltern lachen, und sie damit legalisieren. Sobald die Kinder etwas älter sind, wird das Verhalten, über das noch vor wenigen Jahren gelacht wurde, als verboten erklärt. Nicht immer gelingt hier ein Übergang, und die Kinder verlernen schwer oder kaum die erlangten Schemen. Wenn die Kinder dann das zehnte Lebensjahr erreichen und noch älter werden, sind sie nicht mehr steuerbar, ihre Handlungen werden deutlich sichtbar, sind hervorstechend und werden durch den Filter der Erwachsenenwelt bewertet. Einjährige Rabauken sind süß, Zehnjährige nicht, die sind störend.

Die Möglichkeiten und die Ansätze, welche hier vorgestellt werden, eignen sich für den Umgang mit Kindern unter zehn Jahren. Eltern spiegeln ihren Kindern in den ersten Lebensjahren ihre Erwartungen. Sie prägen sie und formen ihre Handlungsschemata. Leider verstehen die Eltern, Lehrer/innen und Erzieher/innen nicht immer, was sie den Kindern mitgeben. Dieses aber wird ihnen von den Kindern auf einem Tablett serviert. Dann erkennen viele der Eltern, Lehrer/innen oder Erzieher/innen, dass das Verhalten ihrer Kinder problematisch wird.

Zum Glück gibt es die Pubertät. Jedes ungebührende Verhalten wird heute auf die Baustelle im Kopf geschoben. Vor zwanzig Jahren waren es noch die Hormone. In beiden Fällen gibt es einen „Schuldigen", der für die Verhaltensweisen verantwortlich ist. So entfällt die Notwendigkeit, das gesamte Konstrukt zu betrachten. Wenige der klagenden Eltern schauen zurück in die Vergangenheit. Den Zusammenhang zwischen: „Ja, komm, nur dieses Mal, damit ich meine Ruhe habe…" und „Du hast mir gar nichts zu sagen, ich mache, was ICH will…" ist ja auch nicht wirklich leicht erkennbar.

Eine wichtige Empfehlung in pädagogischen Prozessen lautet immer, nichts zu verbieten, was kurz darauf erlaubt wird. Die Kinder lernen, dass sie sich nicht auf die Aussagen der Eltern, Lehrer/innen oder Erzieher/innen verlassen können, da diese scheinbar selber nicht wissen, was sie wollen. Wenn die Eltern, Lehrer/innen oder Erzieher/innen in den Augen der Kinder die Situationen nicht mehr im Griff haben, entsteht bei ihnen eine extrem starke Verunsicherung. Sie fühlen sich genötigt, die Situation selber in die Hand zu nehmen, wissen aber zeitgleich, dass sie hierzu nicht in der Lage sind, verlieren ihren Halt und werden rastlos. Ebenso verhält es sich, wenn den Kindern eine absolute, nicht überschaubare Wahl gelassen wird.

Neulich erzählte mir eine Fortbildungsteilnehmerin, wie sie über eine Stunde vor dem Bäcker verbracht habe. Sie wartete auf ihrer Freundin, welche ihrem hungrigen vierjährigen Sohn ein Teilchen kaufen wollte. Folgender Dialog und folgende Situation fanden statt:

„Wenn du Hunger hast, kaufe ich dir ein Teilchen, aber nur eins, entscheide dich genau, was du möchtest, guck genau hin und such dir eins aus!" Das Kind gehorcht, beobachtet das Regal und zeigt auf einen Berliner Ballen. „Ich will den Berliner, nein, den da", und das Kind klopft an die Scheibe, da die Bäckerin nicht den Berliner genommen hat, den es wollte. Als es ihn endlich hatte, beißt es einmal ab, gibt

ihn der Mutter und sagt: „Ich will ihn nicht mehr, du musst ihn essen. Ich will das da" und zeigt auf einen Baiser. Die Mutter isst den Berliner und kauft das nächste Teilchen. Das Kind beißt erneut einmal rein, reicht es der Mutter weiter und sagt: „Hier, iss du. Ich will das da" und zeigt auf ein weiteres Teilchen. Die Mutter isst es und kauft ein neues ...

Diese Situation könnte manchem Leser zu absurd vorkommen, als dass ihr Glauben geschenkt werden kann, ist aber wahr. Auch wenn sie eigentlich im Alltag nicht so extrem ausgeprägt sind, so gibt es doch unzählige Beispiele, die dieser Situation ähneln.

Dieses Kind hatte die Aufgabe, sich für ein Teilchen zu entscheiden. Was nicht berücksichtigt wurde, ist dass dieses Kind sich gegen alle anderen Teilchen entscheiden musste. Die daraus resultierte Verunsicherung ist deutlich sichtbar: das Kind schwankte zwischen den Teilchen hin und her, und konnte sich nicht entscheiden. Es wollte aber auch die Mutter zufrieden stellen. Von ihr weiß es, dass kein gekauftes Teilchen weggeworfen werden darf. Die Lösung fällt somit pragmatisch aus: die Mutter entsorgt die nicht benötigten Teilchen. Auf der anderen Seite hat dieses Kind erlebt, dass seine Mutter sich selber nie wirklich entscheiden konnte, da sie immer wieder nachgibt, wenn es ein bisschen jammert. Mit diesem Verhalten zum Vorbild, als Identifikationsgrundlage, ist es nicht erstaunlich, wenn das Kind Entscheidungsschwierigkeiten hat.

Mit den Auslegungen unserer Zeit würde so ein Kind als Tyrann betrachtet werden: es dominiert und bestimmt das gesamte Geschehen. Die Mutter scheint eine Spielfigur in seiner Hand zu sein, es steuert ihr Verhalten. Oder anders gesagt, ist das Kind in der Phase der Allmachtsfantasie hängen geblieben, und gilt somit als entwicklungsverzögert.

Mit bindungstheoretischen Betrachtungsweisen wird so ein Kind eher als orientierungslos angesehen. Es ist ein Opfer seiner Umstände, da es versucht, es seiner Mutter recht zu machen, ohne ein Werkzeug an der Hand zu haben, um seine Handlungen zu gestalten. Die Mutter steht ihrem Kind nicht als Orientierung gebende Bindungsperson zur Verfügung. Sie vereinfacht nicht die Komplexität der Welt für ihr Kind, sondern setzt es den gesamten überfordernden Reizen schutzlos aus, und tadelt in manchen Situationen sogar, dass es in dieser Kompliziertheit nicht zurechtkommt.

Im Folgenden werden einzelne Handlungssequenzen dargelegt und die Tragweite des Verhaltens erörtert. Anhand unterschiedlicher Beispiele aus dem Alltag wird versucht, die einzelnen Punkte zu verdeutlichen und den direkten Bezug zur Realität herzustellen.

Das angestrebte Ziel besteht darin, Handwerkzeug für einen gelungenen Umgang zu entwickeln und weiter zu geben. Jede Theorie nur so effektiv, wie sie praktisch umsetzbar ist, also findet die Konzentration auf praktische Beispiele statt, diese werden dargestellt, kommentiert und bei Bedarf Handlungsalternativen vorgeschlagen.

Worum es geht

Kindern beim Wachsen zuzusehen, sie in ihrem Heranreifen zu begleiten, ist das einzige Metier, das scheinbar jeder ohne Ausbildung und ohne Unterstützung und Anleitung ausüben darf.

Dieser Prozess, auch als Kindererziehung bekannt, ist alles andere als eine einfache Aufgabe. Jeder, der ihn je ausführen durfte, machte die Erfahrung, das eine oder andere Mal an seine Grenzen zu stoßen. Hier unterscheiden sich Fachleute (Erzieher/innen, Pädagogen/innen, Psychologen/innen...) nicht von Nicht-Fachleuten. Meine persönliche Erfahrung und mein Erleben mit meinen drei Kindern, die vielen Höhen und Tiefen, die Schwierigkeiten und Krisen, die glücklichen Momente und die Freude, das Weinen und das Lachen haben mich zu dem gemacht, der ich heute bin, und haben mir geholfen, meine Richtung zu finden.

Gefühle und Emotionen sind nie perfekt und werden es auch nie sein, deshalb wird es nie perfekte Eltern geben, immer nur welche, die es versuchen. Getrieben von der Liebe zu ihren Kindern setzen Eltern ihre persönlich erlebte Kindheitserfahrung, die restliche Lebenserfahrung und die vielen Tipps und gutgemeinten Ratschläge, die sie hören, um.

In dieser Richtung möchte ich hier ein paar Aspekte aufzeichnen, welche den Eltern behilflich sein können, ihren Kindern Halt und Sicherheit zu geben.

Nur sichere Kinder sind glückliche, stressfreie Kinder. Und nur glückliche Kinder werden erfolgreiche Jugendliche, die stark und gestärkt aus ihrer Pubertät in die Welt der Erwachsenen schreiten können.

Wer mit seinen adoleszenten Jugendlichen Probleme (über das Maß der normalen Pubertät hinaus) hat, und diese Tipps liest und zu erkennen meint, was sie/er alles hätte anders machen müssen oder können, sollte nicht glauben, es sei alles zu spät, sondern kann sich eines gewiss sein: es ist nie zu spät, eine gute und glückliche Kindheit zu haben. Einer emotionalen Nachreifung steht nichts im Weg. Hierzu bedarf es grundsätzlich nur Liebe, also emotionale Nähe, Annahme, Geduld, Klarheit, Eindeutigkeit und viel Körperkontakt.

Liebe, Geborgenheit und Schutz auf der einen Seite, Klarheit, Halt und Sicherheit auf der anderen Seite sind das, was jeden Veränderungsprozess möglich macht.

Was natürlich keiner erwarten darf ist Zauberei. Sie wenden die unten aufgeführten Methoden an, und alles ist auf einmal anders. Wenn sich die Eltern auf einmal anders verhalten als gewohnt, erfolgt noch kein Lernprozess bei den Kindern, sondern erstmal nur eine Irritation. Erst wenn das veränderte Verhalten über einen längeren Zeitraum durchgezogen wird und die Kinder hierin ein dauerhaftes Muster entdecken, können Entwicklung und Veränderung ermöglicht werden.

Es bedarf viel Zeit, Geduld und die Gewissheit, nicht die Kinder verändern zu wollen, sondern sich selbst, die Eltern. Der veränderte Zugang zu den Kindern und die veränderte Herangehensweise an die unterschiedlichen Thematiken rufen veränderte Reaktionen bei den Kindern hervor und führen somit langfristig zu einer Veränderung ihres Verhaltens.

Kommunikation

Im Weiteren wird die Kommunikation zwischen Eltern und Kindern thematisiert. Diese beschränkt sich nicht auf die bloße Unterhaltung oder das bloße Reden. Das Verbalisieren ist nur eine beschränkte Art der Kommunikation. Wer hatte noch nie das Gefühl, etwas ausdrücken zu wollen, es aber nicht in Worte verpacken zu können? Sagt ein Blick, eine Umarmung oder ein Kuss oft nicht mehr als tausend Worte aus? Somit ist jede Handlung, die einem anderen Menschen etwas Bestimmtes mitteilt, kommunikativ. Wenn auf diese Mitteilung eine Antwort nicht unbedingt verbaler Natur erfolgt, könnte eine Kommunikation entstehen.

Da Kommunikation vom Sender (dem ausgebenden oder dem Sprechenden) vom Empfänger (dem Empfangenden oder dem Hörenden) und von der verwendeten Sprache (in der Kommunikationstheorie auch Kodierung genannt) abhängig ist, bestehen diverse Irritationsmöglichkeiten, die dazu führen können, dass die Aussage des Senders nicht oder falsch beim Empfänger ankommt. Der Sender muss in seinen Formulierungen bedacht sein, eine eindeutige Botschaft zu senden und den Stand des Empfängers kennen oder erfragen. Er darf keine Vermutungen über den aktuellen Wissensstand stellen oder seinen eigenen Wissenstand als Maßstab verwenden, da somit nur halbe oder anteilige Mitteilungen weitergeben werden.

Die Sprache oder das verwendete Medium, sei es Körpersprache oder Verbalisieren, muss vom Empfänger ebenso verstanden (dekodiert) werden können, wie vom Sender (kodiert) formuliert. Und als letztes muss der Empfänger die Botschaft so aufnehmen, wie sie gesendet wurde und diese nicht umdeuten oder erst durch seine persönlichen Erfahrungen filtern. Entsprechend ist es für uns hier elementar zu erwähnen, dass weder die Kinder über die Sprachfähigkeiten ihrer Eltern verfügen noch über ihre Erfahrung. Die Erlebnisse der Kinder, so jung diese auch sein mögen, bieten ihnen ihre Erfahrung, mit welcher sie jeden Empfang quittieren, durch die sie jede an sie gerichtete Kommunikation verstehen. Bei den Eltern wiederum bedarf es der Feinfühligkeit, um sich nicht selber in den Ausdrücken der Kinder zu sehen, sondern diese einfühlsam verstehen.

In den Kommunikationswissenschaften führt Schulz von Thun die vier Seiten einer Nachricht ein. Diese vier Seiten sind alle gleichwertig aufzufassen: der Sachinhalt, die Beziehung, die Selbstoffenbarung und der Appell. Um eine Nachricht seiner Meinung nach vollständig zu erfassen bedarf es eines vierohrigen Empfängers.

Im Sachinhalt befindet sich das, worüber der Sender informieren will. Es ist also eine sachliche Information.

Die Beziehung, die der Sender zum Empfänger hat, wird ebenfalls in der Botschaft deutlich. Dieses wird in erster Linie durch die Melodie und den Tonfall klar vermittelt. Die Art, wie eine Botschaft formuliert wird, und die nonverbalen Begleitungen der Botschaft spiegeln den Beziehungsaspekt dieser wider. Die Betroffenheit basiert hier auf der persönlichen Ebene, der Empfänger fühlt sich angenommen oder abgelehnt, daher ist dieser Aspekt besonders empfindlich.

Der Selbstoffenbarungsaspekt der Kommunikation bedeutet, dass der Sender mit jeder Botschaft auch etwas Persönliches über sich selbst preisgibt, somit enthält eine Nachricht nicht nur die gewünschten Sachinformationen, sondern auch Informationen über die Person des Senders.

Der Appell in einer Botschaft ist der Grund, warum der Sender etwas sagt. Der Sender möchte Einfluss auf den Empfänger nehmen und ihn veranlassen, etwas Bestimmtes zu tun oder nicht zu tun.

Entsprechend der gesendeten Nachricht, sind einige Aspekte mehr oder weniger vertreten. Menschen im Kommunikationsprozess sind sich meistens nicht bewusst, dass sie auf diesen vier Ebenen senden oder empfangen.

In der Kommunikation der Eltern mit ihren Kindern ist es unabdingbar, diese vier Seiten einer Botschaft zu beachten. Im Weiteren wird entsprechend der Situationen, unter anderem auf diese unterschiedlichen Mitteilungen eingegangen, und in einigen praktischen Beispielen, in denen es angebracht zu sein scheint, die verschiedenen Ebenen aufgezeichnet.

1 Weniger Reden

Nicht nur Pädagogen und Erzieher, sondern vor allem auch Eltern haben gelernt, über alles zu reden. Die Worte stellen, so hat es den Anschein, das Tor zur Welt dar. Es ist nicht nur eine Austauschmöglichkeit, sondern die Möglichkeit, Botschaften, Ansichten und Meinungen auszutauschen. Auf Grund dessen reduzieren sich der Austausch und die Kommunikation mit den Kindern zu einem großen Teil auf das Verbalisieren. Wir versuchen sogar, mit den kleinen Kindern zu diskutieren und sie von der Sinnhaftigkeit oder der Sinnlosigkeit einer Handlung oder eines Verhaltens zu überzeugen, so beleuchten wir die Situation von allen Seiten. In unseren Gesprächen mit ihnen vergessen wir oft, dass sie keine uns ebenbürtigen Gesprächspartner sind. Auch wenn sie nicht alle unsere Aussagen hinterfragen, verstehen sie doch einen großen Teil dessen, was wir sagen, nicht.

Das empathische Empfinden der Eltern, ihr Mitgefühl mit ihren Kindern, verleitet sie zu einem persönlichen Durchleben des Erlebens ihrer Kinder. Sie fühlen die Vorgabenablehnung ihrer Kinder als ihre eigene kleine Revolution, sie verstehen diese Haltung, weil sie sich an ihre eigene Kindheit erinnern, wie sie als Kinder selbst jede Autorität abgelehnt haben[4]. Sie wollen die Kleinen nun aus diesem Grund von der Sinnhaftigkeit der Handlung überzeugen. Die Intention

---

[4] Die Erinnerung der Eltern reicht selten faktisch in die Zeit zurück, in der sie noch kleine Kinder waren. Es sind eher die Frühpubertätserinnerungen, der erste Schritt zur Eigenständigkeit in der zweiten kleinen Revolution.

besteht darin, Überzeugungsarbeit zu leisten, um die Kinder zur Veränderung ihres Verhaltens zu bewegen, ohne bei ihnen Ärger oder Frust auszulösen. Die Kinder sollen ihre eigene Meinung und ihren eigenen Willen behalten und sich trotzdem angepasst verhalten. Die Eltern haben in ihrem Leben gelernt, dass es immer ein Gleichgewicht zwischen Lust und Pflicht gibt. So werden Dinge und Handlungsweisen im erwachsenen Leben, welche nicht direkt zu einem Lustgewinn führen, aus der reinen Überzeugung an die Notwendigkeit dieser in Kauf genommen. Sie wollen, dass ihre Kinder diese Erkenntnis mit ihnen teilen.

Die kognitive Denivellation zwischen erwachsenen Menschen und Kindern ist hier nicht zu vergessen. Die Denkfähigkeit der Eltern ist ausgeprägter als die der Kinder, sie haben die Fähigkeit, das große Ganze zu sehen, zu überblicken und zu begreifen, somit ist es den Kindern nicht möglich, den Argumentationsketten der Eltern zu folgen. Sie sind nicht in der Lage, den Sachinhalten der Botschaften ihrer Eltern zu folgen. Sie verstehen nicht, was ihnen ihre Eltern mit der entsprechenden Aussage mitteilen wollen. Um den rationalen Aussagen der Eltern folgen zu können, bedarf es einer kurzfristigen Befreiung von den eigenen Gedanken. Kinder müssen ihre Wünsche ablegen, um die der Eltern verstehen zu können. Die Gedanken der Kinder drehen sich aber nicht um rationale, sondern um emotionale Bedürfnisse. Wenn sie einen besonderen Wunsch äußern, dass sie etwas machen oder haben wollen, liegt die Ursache bei einer emotionalen Empfindung und nicht daher, dass sie sich gedanklich mit etwas beschäftigt haben. Die ihnen gegebenen Antworten erreichen dementsprechend auch nicht die kognitive, also gedankliche Ebene, sondern die Gefühlswelt der Kinder.

Bei ihnen kommt eben auch nur die emotionale Botschaft an, wie z.b.: ich verstehe deine Bedürfnisse, möchte aber dass du sie zurückstellst ..., hab mich doch lieb und mach was ich gerne hätte damit ich dich weiter lieb haben kann. Ferner kommt bei den Kindern Folgendes an: ich will, dass du machst was ICH will, traue mich aber nicht, dich dazu zu zwingen. Gespräche wie diese erreichen in der Regel nicht das gewünschte Ziel, sie führen zu keinem Ergebnis.

Um hier die Sackgasse solcher Überzeugungsgespräche zu verstehen, sollten wir uns mit kindlichen Gedankengängen beschäftigen. Es ist nicht Gegenstand dieser Seiten, eine Einführung in entwicklungspsychologische Theorie zu geben, deshalb werde ich mich hier oberflächlich und allgemein mit den kindlichen Gedankengängen beschäftigen, ohne genaue Alters- und Entwicklungsstandsangabe.

Ich werde mich darauf einschränken, einige Eigenschaften kleiner Kinder in den Vordergrund zu stellen und die Phasen vor dem sechsten Lebensjahr hervorzuheben. Eine Vielzahl der Persönlichkeitseigenschaften entwickelt sich bis zu diesem Alter. Es sind die sogenannten „Ich-Funktionen", zu denen u.a. der Umgang mit Frustration und der Aufschub der direkten Bedürfnisbefriedigung gehören. Wenn Kinder den Umgang mit diesen Mechanismen in der frühen Kindheit nicht erlernt haben, werden sie sich nicht altersentsprechend verhalten können, und wir werden ihre Verhaltensweisen analog zu dem der wesentlich kleineren Kinder betrachten und bewerten.

Kinder sind bis zum Schulalter starke Egozentriker. Der Egozentrismus ist nicht mit dem Egoismus zu verwechseln[5]. Dieses bedeutet, dass sie ihr eigenes Ich (Ego) im Mittelpunkt (Zentrum) des Geschehens sehen. Sie sind nicht in der Lage, andere Bedürfnisse als die eigenen real wahrzunehmen und diese ihren entsprechenden Stellenwert geben. Aus Bewertungsgründen spreche ich von der egozentrischen Phase und nicht von dem kindlichen Narzissmus[6].

In der Psychoanalyse hat Freud vom Lustprinzip, welcher keinen Realitätsbezug aufweist, gesprochen. Dieses Prinzip drängt auf eine direkte Bedürfnisbefriedigung. Mit zunehmenden Alter und voranschreitender Reifeentwicklung wird das Kind in die Lage versetzt, diesem Bedürfnis Aufschub zu gewähren, abzuwarten und auch Dinge in Kauf zu nehmen, welche nicht auf eine unmittelbare Belohnung hinsteuern. Im kommunikativen Umgang mit den Kindern wird dieser direkten Bedürfnisbefriedigung ein hoher Stellenwert beigemessen. Nach dem sechsten Lebensjahr sollten Kinder grundsätzlich in der Lage sein, abzuwarten und auch Handlungen durchzuführen, welche ihnen nicht direkt eine Belohnung geben.

> **Sachliche Argumente erreichen das kindliche Denken nicht, weil dieses emotional geprägt ist.**

---

[5] Egoismus ist dann gegeben, wenn ein Mensch seine Mitmenschen als solche wahrnimmt und trotzdem nur seine eigenen Interessen, und wenn auch auf Kosten der Anderen, durchsetzen möchte.

[6] Narzissmus ist die maximierte Selbstbezogenheit, die Verliebtheit in sich selbst, die Bevorzugung des Selbst den anderen Menschen gegenüber.

Mit dem Hintergrund, die Kinder zu überzeugen, werden Argumentationsketten immer komplizierter und logischer aufgebaut. Bevor Eltern anfangen, etwas zu erklären und zu argumentieren, stellt sich die Frage, ob die Kinder, das was ihnen gesagt wird, verstehen. Dieses ist mit der Komplexität und der Verallgemeinerbarkeit der Argumentationen seltener der Fall. Ferner überfordern diese Denkprozesse die Kinder, weil sie Denkschemata benötigen, welche bei ihnen noch nicht ausgeprägt sind. Es endet damit, dass die Kinder ihren Eltern nicht mehr zuhören.

Eltern appellieren an die Vernunft der Kinder, wünschen sich und erwarten, dass diese ein Einsehen zeigen. Der Wunsch der Eltern besteht darin, Überzeugungsarbeit zu leisten, damit die Kinder den persönlichen Wunsch verspüren, den Wünschen und Bitten der Eltern Folge zu leisten.

Je nach Entwicklungsstand sind Kinder lust- und nicht vernunftorientiert und somit nicht in der Lage, Einsicht zu zeigen, wenn die Einsicht hier beinhalten würde, dass sie aus der Vernunft heraus auf ihre Lustbefriedigung verzichten. Alles, was bei ihnen ankommt ist, dass sie ihre Eltern enttäuschen, also dass ihr Verhalten und somit sie nicht in Ordnung sind. Die inhaltliche Eingabe der Eltern ist somit völlig irrelevant. Die Antworten der Kinder auf diese logischen Argumentationsketten sind in der Regel: „ich will aber". Diese Antwort spiegelt den Charakter der Wunsch und Bedürfnisbefriedigung des kindlichen Denkens. Es ist keine logische Antwort. Sie wendet sich nicht rational an die Argumentationsketten. Es hat den Anschein, als ob keine Erklärungen stattgefunden haben. Ebenfalls besteht ein riesengroßer Unterschied zwischen dem Reden mit den Kindern und dem Zerreden mancher Situationen. Ein Zerreden besteht dann, wenn die Gespräche aufgebaut werden, mit noch mehr Argumenten und noch komplizierteren Sichtweisen, so dass die Kinder dem Ganzen nicht mehr folgen können.

Wir halten es für sinnvoll, gezielt, klar und deutlich, den Kindern unsere Meinung zu sagen, und ihnen ihre Aufgaben mitzuteilen oder die Erwartungen, die wir an sie haben, zu sagen. Eine dem Entwicklungsstand des Kindes entsprechende Sprache ist natürlich auszuwählen. Mit diesen eindeutigen und gezielten Aussagen wird in der Regel der Entwicklungsstand des Kindes akzeptiert, so dass die Kinder verstehen, was ihnen gesagt und was von ihnen erwartet wird, und sie auch die Hintergründe begreifen können. Vor allem ist es nicht angebracht, das Gesagte mehrfach zu wiederholen und das Thema von allen Seiten zu beleuchten. Hier gilt die Regel: je einfacher desto besser, und weniger ist oft mehr. Es ist ein Irrtum zu glauben, dass in den Gesprächen mit den Kindern mehr Worte, tiefere Erklärungen und intensivere Argumentationen auch mehr bewirken und die Eltern damit auch mehr erreichen können.

Trotz der intensiven Versuche der Eltern werden die Kinder in den seltensten Fällen überzeugt nachgeben, sondern werden ihre Forderung immer wieder und teilweise sogar intensiver stellen. Eltern verzweifeln in manchen Situationen, weil ihre Worte scheinbar wirkungslos an ihren Kindern abprallen. Sie ärgern sich, und in manchen Situationen wird dieser Ärger dem Kind mitgegeben, sogenannte Strafen als Konsequenzen getarnt, bis hin zu folgenden Repressalien.

Hier sollte dann nicht mehr auf die Eingaben der Kinder eingegangen werden, da die rationalen Argumentationen nicht mehr das Kind erreichen.

> **Ein weniger Reden seitens der Eltern ist oft mehr für das Verständnis des Kindes.**

Eltern wiederholen ihre Aussagen, um ihnen mehr Gewicht zu verleihen, so als ob die Kinder es sich besser merken können, wenn sie es öfter hören. Dadurch lernen die Kinder aber, dass es nicht notwendig ist, den Eltern zuzuhören, da diese ihre Aussagen eh immer wiederholen und davon ausgehen, dass die Kinder ihnen nicht zuhören. Die Wiederholung der Anforderung versetzt das Kind in die Lage, stets eine Wiederholung der Sätze zu erwarten und somit nicht in die Notwendigkeit, beim ersten Mal ihre Handlungen oder Gedanken zu unterbrechen und zuzuhören. Ferner passen sich die Kinder unbewusst den Erwartungen der Eltern an und hören dann auch nicht zu. Die Eltern erwarten, dass nicht zugehört wird, und somit hören die Kinder auch nicht zu. Je früher dieser Prozess anfängt, desto effektiver ist er, und so haben die Kinder es bereits in einem relativ jungen Alter perfektioniert, weg- und nicht zuzuhören.

Sobald die Eltern anfangen, ihren Kindern das „Nein" beizubringen, ist es notwendig, ihnen die Bedeutung dieses Wortes auch auf der körperlichen Ebene darzulegen. In allzu vielen Situationen reduzieren wir die Kommunikation auf das Verbalisieren: das Reden - und sind der Meinung, dass wir unsere Meinungen, Wünsche und Bedürfnisse nur über die Sprache, die Worte, kundtun können. Dabei vergessen wir, dass die Körpersprache einen sehr hohen Stellenwert hat. Vor allem bei Kindern ist es wichtig den Körper in die eigenen Denkprozesse mit einzubeziehen. Ist es ein Zufall, dass im deutschsprachigen Raum das Wort „begreifen" vom Wort „greifen" kommt? Ich rede hier nicht von körperlicher Züchtigung, sondern davon, die Aussage liebevoll zu untermauern, zum Verbalisieren auch die Körperkommunikation hinzuzufügen. Wenn Eltern z.B. nicht wollen, dass ihr Kind an die Kaffeetasse geht, sagen sie ihm: „Nein". Wenn dieses „Nein" beim nächsten Mal wiederholt werden muss, sollte das Kind zusätzlich von der Tasse weggetragen oder die Hand liebevoll festgehalten und weggeführt werden. So folgt eine Handlung den Worten. Sie werden mit Inhalt gefüllt und erlangen in der Umsetzung eine Bedeutung.

> **Die Wiederholung der Aussage erzielt in der Regel einen Effekt entgegengesetzt zur Intention.**

Carina ist zwei Jahre alt. Sie ist ein Wunschkind, und ihre Mutter möchte sie zu einer selbstbewussten, selbstständigen jungen Frau erziehen. Sie selber hat eine strenge Kindheit erlebt, in der sie, wenn sie ihren Trotzkopf durchsetzen wollte, die schlagfertigen Argumente ihrer Eltern zu spüren bekommen hat. Sie hatte sich vorgenommen, es in der Erziehung ihrer Kinder anders zu machen. Gewaltfrei ist ihre Aussage. So versucht sie, alle Anforderungen an ihre Tochter mit ihr zu diskutieren, sie von der Sinnhaftigkeit ihres Handelns zu überzeugen.
Neulich im Supermarkt hatte sich Carina ein Überraschungsei aus-

gesucht. Sie wollte es sofort aufmachen und essen. Ihre Mutter aber nahm das Ei, legte es in den Wagen und sagte ihrer Tochter: „Wir müssen das Ei erst bezahlen." Das Mädchen schaute sie an und sagte: „Nein, haben!"

„Ja, du darfst es sofort haben, nachdem wir es bezahlt haben."

„Sofort, Ei haben."

„Ja, Spatz, du bekommst es sofort."

„Haben!" Das Mädchen steigerte sich in der Intensität ihrer Aussage und in der Lautstärke. Ihre Mutter war nicht mehr in der Lage, ihren Einkauf weiterzuführen. Die liebevolle Mutter stellte sich voll und ganz auf ihre Tochter ein. Sie konnte nachvollziehen, dass ihre Tochter nicht warten wollte, dieses änderte aber nichts daran, dass sie das Ei erst mal bezahlen wollte. „Hör mal, mein Spatz, ich weiß, dass es für dich sehr schwierig ist zu warten. Ich würde dir das Ei auch gerne sofort geben, kann es aber nicht. Guck hier", und sie zeigte auf die Kasse, zu der sie mit ihr gegangen war, „da muss das Ei erst drauf gelegt werden, damit ich es da vorne bezahlen kann. Dann kannst du es essen."

„Nein, haaaaben", schrie das nun weinende Mädchen. Ihre Mutter beugte sich vor, küsste sie auf die Wange, wischte ihr die Tränen weg, streichelte ihr über den Kopf und sagte: „Ich verstehe, dass du jetzt traurig bist. Ich kann dir aber nicht helfen. Wir müssen erst den Einkauf machen, und das Ei bezahlen. Vorher kannst du es nicht essen. Und weißt du was noch, wenn du weiter Theater machst bekommst du das Ei nur später. Schau", und sie zeigte auf ihre Uhr, „du hast jetzt schon fast eine viertel Stunde hier vertrödelt, und wenn du weiter schreist, wird es noch mehr, dann kannst du dein Ei nicht essen. Dann bist du selber schuld."

„Nein, du!

„Ich wäre schon längst fertig, kann aber nicht, weil du mich ja nicht lässt."

„Ich will Ei!"

„Dann hör doch, was ich dir sage. Guck, dieses Ei muss erst bezahlt werden, dann kannst du es haben. Und ich bitte dich, mich jetzt weiter einkaufen zu lassen. Dann gebe ich dir auch das Ei. Aber wenn du weiter Theater machst, muss ich mich um dich kümmern, dann kann ich nicht weiter einkaufen. Und du wirst morgen kein Frühstück bekommen und Papa kein Abendessen. Willst du das? Willst du, dass Papa Hunger hat und nichts zu essen bekommt?"

Dieser Dialog setzt sich so fort.

Mein Anliegen hier ist es, dieses Geschehen zu analysieren. Zweifelsohne haben wir eine sehr liebevolle und geduldige Mutter, und doch wird sich der Leser dieser Zeilen kein Grinsen verkneifen können oder sich sogar ärgern. Warum ist das so? Was ist an dem Verhalten dieser Mutter, was uns nicht behagt? Warum reizt uns ihre Geduld und innere Ruhe? Und würden wir uns in derselben Situation anders verhalten und dabei so liebevoll auf das Kind eingehen können? Glauben wir, dass diese Ruhe anhalten wird oder meinen wir, dass die Mutter über kurz oder lang nach den schlagfertigen Argumenten ihrer Eltern zurückgreifen wird? Eindeutig werden wir diese Fragen nie beantworten können, auch nicht festhalten, welche persönlichen Gefühle in uns geweckt werden. Ein Punkt ist und bleibt aber unstrittig, die hier erzeugte Stresssituation kann vermieden oder wenigstens verkürzt werden.

Jede Handlung in einem pädagogischen Geschehen sollte zielorientiert sein, das heißt, sie sollte zu einem Ergebnis führen. Das Ziel der Mutter in diesem Fall ist es, ihre Tochter zum Warten zu überzeugen. Sie versucht, über die Vernunft ihrer Tochter die Wichtigkeit dieser Handlung nahezulegen, ohne zu berücksichtigen, dass ihre Tochter den Sachinhalt der Botschaft gar nicht verstehen kann. In ihrem Gespräch mit ihr zieht die Mutter ihre Tochter auf ihre eigene Ebene hinauf und geht nicht zu ihr hinunter. Auch wenn sie eine dem Kind angemessene Wortwahl ausgesucht hat, ist der Inhalt ihrer Argumentation nicht den Fähigkeiten eines Kindes angemessen.

Bei dem Mädchen kommt die emotionale Botschaft an: Ich möchte dir nichts befehlen, will aber, dass du machst, was ich will. Sei ein liebes Mädchen und mach, was richtig ist, nicht was du gerne möchtest. Diese Ausführungen der Mutter erreichen nicht ihr Ziel, sondern führen zu einer Steigerung des kindlichen Verlangens. Alles, was sie sagt, zeigt keine Wirkung, also stellt sich hier die berechtigte Frage, wozu die Mutter dieses macht. Warum sie es macht, ist eindeutig, die Zielorientierung ist hier, was ich in Frage stelle. Wenn sie mit ihren Erklärungen ihr Ziel nicht erreicht, ihre Tochter von ihrer Meinung nicht überzeugen kann, bedeutet es, dass das weitere Ausführen ebenfalls nichts erreichen wird. Anstatt eine andere Kommunikationsmethode anzuwenden, bleibt sie auf dem gleichen Pfad und verstärkt später ihre emotionale Eingabe, indem sie versucht, ihrer Tochter ein schlechtes Gewissen zu machen. Kinder sind noch nicht zu moralisch-altruistischem Handeln fähig, weil sie für das Verständnis dieser Dimensionen noch zu klein sind. Mit einem schlechten Gewissen fühlen sich Kinder nur unwohl, sogar schlecht und allein gelassen. Sie haben einen emotionalen Druck und sind nicht in der Lage, diesen ohne Unterstützung der Eltern zu verarbeiten. Die Mutter verursacht hier aber dieses schlechte Gefühl und fängt es entsprechend nicht bei ihrer Tochter auf. Danach gibt sie ihr die Verantwortung für den Tagesablauf, ebenfalls eine Bürde, die ein kleines Kind weder verstehen noch schultern kann.

So kommt auch bei dem Mädchen ein appellativer Inhalt der Botschaft an: mach doch bitte, was ich will, ohne dass die Mutter diesen Appell eindeutig ausspricht. Sie sagt ihrer Tochter nicht deutlich, was sie von ihr möchte oder was diese machen soll, sondern schickt ihr eine unterschwellige Botschaft.

Die Selbstoffenbarung ist das Moment, welches die Mutter hier von sich selbst, ihre eigenen Wünsche und Bedürfnisse preisgibt. Hier wird sichtbar, dass sie weiterhin von ihrer Tochter geliebt werden möchte, und sich aus diesem Grund nicht traut, dem Kind ihre Meinung aufzuzwingen und ihr eine klare Anweisung zu geben und die Traurigkeit oder gar den Ärger des Mädchens zu riskieren und somit vielleicht auch eine zeitlich begrenzte Ablehnung von ihr erfahren.

Wir sehen, alles Nonverbale kommt beim Kind an, die Sachbotschaft, welche auf das reine Verbalisieren beruht, hingegen nicht. Die einzelnen Worte und Begründungen der Mutter haben zu Beginn des Gesprächs ihr Ziel nicht erreicht und trotz immenser Steigerung nicht an der Meinung oder Haltung des Mädchens etwas ändern können.

Des Weiteren kommt hier das Katastrophenrezept „mehr des Gleichen" zum Einsatz. Dieses Rezept beinhaltet, dass Menschen immer mit der gleichen Art und Weise auf eine Anforderung antworten. Wenn diese Art und Weise ihr Ziel nicht erreicht, wird sie verstärkt. Es wird als ein Katastrophenrezept betrachtet, weil ihre Anwendung wegen ihrer Ergebnislosigkeit als katastrophal gilt. Hier verfolgt die Mutter eine Strategie, sie erreicht damit nicht ihr Ziel, ändert sie aber nicht. Sie verstärkt ihre Handlung mit unterschiedlichen, aber ähnlichen Komponenten. Sie macht immer mehr der gleichen Aktionen, hier in unserem Fall mehr rationale Argumentationen: Einreden auf ihrer Tochter. Sie erklärt und erklärt, ohne bei ihrer Tochter anzukommen oder ihr Ziel zu erreichen. Nachdem die Mutter gesehen hat, dass sie ihre Tochter mit ihren Argumenten nicht erreicht, hätte sie damit aufhören und sich eine Alternativhandlung überlegen und etwas anderes machen sollen. Wenn der gewohnte Weg, der eingeschlagen wird, auch wenn er bekannt ist und einem sehr am Herzen liegt, in einer Sackgasse mündet, ist es wenig hilfreich, stets den gleichen Weg zu gehen und sich zu wundern und zu ärgern, dass man nicht an sein gewünschtes Ziel gelangt, sondern sollte sich einen neuen Weg ergründen. Diese Suche nach einem neuen Weg gestaltet sich nicht immer einfach, ist anfangs vielleicht auch etwas zeitintensiv oder mühselig, wird dann aber zu einem Ziel führen und ist somit auch lohnenswert. So ähnlich ist das Verhalten der Mutter in unserem Beispiel. Ihre Methode führt zu keinem Ziel, endet also in einer Sackgasse. Die Wiederholung, auch wenn verstärkt, wird ebenfalls in einer Sackgasse münden. Also bedarf es hier der Alternativen.

So schwer es der Mutter auch fällt und so sehr sie die Unfreude und die Tränen ihrer Tochter schmerzen, darf sie sich zwar von ihnen beeindrucken lassen, ihnen aber nicht gestatten, ihre Handlungen zu diktieren. Auch wenn es in dem Augenblick nicht schön für die Tochter ist, traurig zu sein, so braucht sie diese Traurigkeit, um den Trost danach zu bekommen. Erst wenn sie traurig und verärgert war, kann es der Mutter gelingen, sie zu trösten. So kann das Mädchen lernen, dass nicht alles sofort erfolgt, dass sie traurig ist und dass sie mit ihrer Traurigkeit nicht alleine ist. Die Liebe ihrer Mutter fängt sie auf und der Prozess hat ein positives Ende und ein entsprechend positiver Lernerfolg kann erzielt werden.

Ihr Anliegen ist es, ihre Tochter vor Traurigkeit zu bewahren. Und das ist der einzige begangene Fehler (wenn wir hier überhaupt über Fehler sprechen können). Die Eltern müssen ihre Kinder nicht vor Traurigkeit bewahren, sondern sie zulassen und danach auffangen, trösten und ihnen Kraft geben.

Es muss sich hier auch die Frage gestellt werden, ob ein Eingehen auf das Verhalten tatsächlich eine Erleichterung mit sich bringt. So wie das Gespräch und die Interaktion gelaufen sind, hat es zu keiner Erleichterung beim Kind geführt.

Die Zeit, die die Mutter sparen würde, wenn sie das Verhalten ihrer Tochter ignoriert hätte, wäre für diese im Endeffekt eine große Stressreduktion. Hätte sie dem Mädchen erlauben können, sich zu ärgern und weiter eingekauft, so wäre sie schnell fertig geworden, und die Kleine hätte das

Ei bekommen. Auf der anderen Seite ist der gut gemeinte Einsatz der Mutter kontraproduktiv, da sie ihrer Tochter hier eine wichtige Erfahrung zu nehmen versucht, die Dauer der Negativerfahrung in die Länge zieht und den Trost nicht bietet. Mit dem Hintergrund, sie zu beschützen, hält sie sie, wie bereits erwähnt, von wichtigen Erfahrungen fern. Damit die Frustrationstoleranz[7] heranreifen kann, bedarf es eines persönlichen Erlebens des Kindes. Sie muss einen Frust erleben, um zu lernen, mit diesem umzugehen. Nicht das Fernhalten von negativen Erlebnissen und Erfahrungen wird vom Kind benötigt, sondern das getröstet und aufgefangen werden danach, also das Erleben einer sicheren Bindungsperson, welche dem Mädchen für die Verarbeitung der emotionalen Erfahrungen zur Verfügung steht.

Das Handlungsmuster (schreien, diskutieren, auf die eigene Meinung bestehen und auf die eigenen Wünsche beharren) des Mädchens wird sich verfestigen, und sie wird es in jeder Situation, in der ihr ein für sie wichtiges Bedürfnis versagt wird, anwenden. Es wird den Anschein haben, als steuere sie ihre Mutter, also als ob sie die Tyrannin ist, welche das Zepter in der Hand hält, dabei ist sie eher zu bedauern, weil ihr eine, für das Leben elementare, Eigenschaft oder besser gesagt Fähigkeit fehlt: sie hat nie gelernt, ein Bedürfnis aufzuschieben, und wird es, wenn weiter so mit ihr umgegangen wird, auch nicht erlernen.

---

[7] Die Frustrationstoleranz gehört zu den Ich-Funktionen, welche sich in den ersten Lebensjahren bildet. Sie stellt die Fähigkeit dar, mit Situationen des Frustes und des Versagens umzugehen. Hier in unserem Fall gehört das Warten, bis das Ei bezahlt ist, dazu.

Das hier sichtbar aktive Handeln der Mutter ist eher ein reaktives, vernunftorientiertes Verhalten. Sie handelt nicht richtungsweisend, sondern reagiert auf ihre Tochter und versucht, diese zu überreden, das Richtige zu tun.

Man könnte hier von einer Beziehungsstörung sprechen, basierend auf der Partnerschaftlichkeit, da die Mutter die Tochter wie einen ebenbürtigen Partner behandelt. Sie hebt ihre Tochter auf ihr Niveau hinauf und beachtet nicht den Intelligenz-, Verstands- und Erfahrungsunterschied zwischen ihr und ihrer Tochter. Das Problem ist nicht die partnerschaftliche Kommunikation mit diesem, sondern eine nicht an dem Entwicklungsstand des Kindes orientierte Kommunikation, und hierbei dreht es sich nicht nur um Wortwahl und Intonation, sondern auch um die inhaltliche Eingabe dessen, was erwähnt wird.

In ihrem Wachstum haben Kinder unterschiedliche Entwicklungsphasen zu durchleben. Ein nicht angemessener Umgang mit den Kleinen, nicht entsprechend des Entwicklungsstandes, ist für die emotionale Entwicklung nicht förderlich. Wenn im Umgang mit einem Kind dieses zu einem Erwachsenen gemacht wird, stellt sich das Kind darauf ein. Eine Menge an notwendigen Entwicklungsmöglichkeiten wird dem Kind so genommen. Es wird „größer" gemacht als es ist, also bleibt es kleiner, weil ihm das Kleinsein nicht ermöglicht und erlaubt wird, und es unmöglich ist, eine Entwicklungsphase zu überspringen. Die scheinbare Reife des Kindes verleitet einen Beobachter an eine reale Frühreife zu denken, und führt somit zu einer Überforderung des Kindes. Diese Überforderung wiederum führt das Kind dazu, alles selber in die Hand zu nehmen und damit tyrannisch zu wirken.

In anderen Situationen erleben wir Eltern, die das Ei öffnen und es dem Kind geben, und an der Kasse wird dann nur der Barcode gezeigt. Hier wurde nicht diskutiert, aber auch kein Bedürfnis versagt, und dem Kind auch die Lern- und Entwicklungschance verwehrt.

Das Kind hat „gesiegt", und die Eltern wollten nur das Beste für ihr Kind und es nicht warten und weinen lassen. Sie nehmen dem Kind also die Traurigkeit und den Frust ab, und erlauben ihm somit nicht, diese Erfahrungen zu machen. Ohne die persönliche Erfahrung wird das Kind auch keine Verhaltensstrategie zum Umgang mit solchen Gefühlen entwickeln können.

Was wie Tyrannei aussieht, ist im Grunde Hilflosigkeit und Desorientiertheit als Ausdruck einer emotionalen Entwicklungsverzögerung. Was nicht erlernt wurde, fehlt und müsste irgendwann nachgeholt werden. Den Kindern wurde die Chance genommen, zu lernen, wie mit Frust und Bedürfnisversagen umzugehen ist. Wenn sie es nicht in den ersten Lebensjahren erlernen, fehlt es, sie verhalten sich dauerhaft wie kleine Kinder und wirken wie Tyrannen. Es im späteren Alter zu erlernen ist zwar im Rahmen einer emotionalen Nachreifung möglich, aber auch sehr mühsam.

Die Liebe der Eltern ihren Kindern gegenüber und der Wunsch, diese zu beschützen, bewahren die Kleinen vor jeglicher Traurigkeit, Schmerz und Frust. Aber genau diese zu erleben, ist in der frühen Kindheit immens notwendig. Diese Liebe der Eltern ist es, welche sie auffängt, sie tröstet und ihnen Halt und Sicherheit gibt, und ihnen somit den nächsten Entwicklungsschritt ermöglicht.

Diese Emotionen zu erleben bedeutet nicht, die Kinder schutzlos negativen Erfahrungen auszusetzen, sondern ihnen zu erlauben, sie kennenzulernen. Dabei müssen sie natürlich von ihren Bindungspersonen begleitet und aufgefangen werden. Nur so lernen sie, mit ihnen umzugehen. Ein übermäßiger Schutz der kleinen Kinder verhindert den Aufbau eines persönlichen Schutzwalls. Diese Mauer, dieser Panzer, der dringend benötigt wird, damit das „Ich" der Kinder ihre Stabilität erreicht und nicht von jeder Kleinigkeit umgehauen wird.

Eine dieser Schutzmechanismen ist die Frustrationstoleranz. Sie hilft den Menschen, nicht unter jeglicher Frusterfahrung zusammenzubrechen.

Frusterlebnisse sind wichtig. Dadurch erfährt das Kind seine persönlichen Grenzen und durch die emotionale Unterstützung der Eltern in der Form von Trost, Liebe und Geborgenheit, lernen sie, damit umzugehen und zerbrechen nicht daran, entwickeln aber auch Techniken, um damit in zukünftige Situationen umzugehen.

▸ *Alternativen*

…Neulich im Supermarkt hatte sich Carina ein Überraschungsei ausgesucht. Sie wollte es sofort aufmachen und essen. Ihre Mutter

aber nahm das Ei, legte es in den Wagen und sagte ihrer Tochter: „Wir müssen das Ei erst bezahlen." Das Mädchen schaute sie an und sagte: „Nein, haben!"

„Ja, du darfst es sofort haben, nachdem wir es bezahlt haben."

„Sofort Ei haben."

„Ja, Spatz, du bekommst es sofort. Und guck mal da! Was wir noch haben, eine rote Packung…"

Die Mutter lenkt ihre Tochter ab, weiß, dass die Gedächtnisspanne der zweijährigen Kinder klein ist, und hat somit kein Problem damit, diese auf andere Gedanken zu bringen.

Wenn die Kleine sich trotzdem an das Ei erinnert und nachfragt, sagt die Mutter ihr, dass sie warten müsse und kann sie kitzeln oder anders mit ihr lachen. Die Mutter besteht auf ihrem Nein, ohne sich weiter zu rechtfertigen. Nach dem Bezahlen des Eis reicht die Mutter es ihrer Tochter mit der Botschaft, dass sie super gewartet habe, und dass sie stolz auf sie sei. Hier ist es wichtig, dass die Mutter ihrer Tochter die Botschaft nur mitteilt, ohne diese mit ihr zu diskutieren:

„Ich bin stolz auf dich, dass du gewartet hast… das hast du super gemacht."

„Jaaa, hab ich super gemacht"

Nachdem solche Situationen mehrfach erfolgt sind, kann das Kind lernen, mit dem Aufschieben des persönlichen Bedürfnisses umzugehen.

Wenn die Eltern allerdings schon seit Langem mit ihren Kindern diskutieren und alles zerreden, bedarf es natürlich viel Geduld, um das Verhalten der Kinder zu verändern. In ihren

Reaktionen werden die Kinder immer wieder versuchen, die ihnen bekannten Wege zu gehen und die ihnen bekannten Verhaltensmuster zu wiederholen. Bis sich neue Handlungsschemata bei den Kindern etablieren, vergeht eine ganze Weile, in der nur die geduldige Liebe der Eltern ihnen helfen kann, eine Veränderung zu etablieren. Vorher ist es natürlich notwendig, dass die Eltern bei sich persönlich erst eine Veränderung ihrer Einstellung, dann ihres Verhaltens in die Wege leiten.

„Ich will Fahrrad fahren", sagt Fabian, „darf ich raus, Fahrrad fahren?", fragt der achtjährige Junge an einem kalten, verregneten Dezembertag.
„Guck mal nach draußen", ist die Antwort der besorgten Mutter.
„Ja, und? Darf ich jetzt?
„Was siehst du draußen?"
„Wie, was sehe ich? Darf ich jetzt raus?"
„Fabi, wie ist denn das Wetter?"
„Es nieselt nur, das ist doch nicht schlimm. Darf ich jetzt raus?"
„Ist dieses Wetter denn dafür geeignet, Fahrrad zu fahren?"
„Ist doch egal, ich werde schon nicht krank."
„Das kannst du doch gar nicht sagen. Du weißt doch gar nicht, was alles passieren kann, wenn du nass und kalt bist. Außerdem sind die Straßen doch viel zu glatt. Du kannst mit dem Fahrrad ausrutschen und dich verletzen."
„Ich ziehe auch meine Regenkleidung an und bin ganz vorsichtig. Darf ich jetzt?"
„Regenkleidung allein hilft da nicht. Und es geht nicht darum, dass du vorsichtig bist. Warum siehst du nicht ein, dass dieses Wetter kein Fahrradwetter ist?"

„Das stimmt nicht, ich kann immer Fahrrad fahren. Lass mich raus, dann zeige ich es dir. Du kannst auch mitkommen und zugucken. Darf ich jetzt raus?"

„Ich gehe bei diesem Wetter nicht nach draußen, und du solltest langsam verstehen, dass du das auch nicht willst."

„Ich will es aber. Es passiert mir nichts."

„Im letzten Jahr, erinnerst du dich, hatte dein Freund Sebastian eine starke Lungenentzündung. Willst du auch so eine bekommen? Wenn du frierst und durchnässt bist wirst du krank, versteh das doch."

„Okay, ich verstehe es. Ich ziehe mich dick an. Meine Regenhose und meine Regenjacke. Darf ich dann raus?"

„Und die nasse Straße? Du wirst mit dem Fahrrad ausrutschen und dir was brechen. Willst du das auch?"

„Ich kann doch gut Fahrrad fahren, das weißt du. Ich werde schon nicht hinfallen. Darf ich jetzt raus?"

„Verstehst du nicht, was ich sage?"

Dieses Gespräch setzt sich so fort.

Auch hier wiederum erleben wir eine Mutter im Versuch, ihr Kind von der Sinnhaftigkeit ihrer Intension zu überzeugen. Sie hat das Bedürfnis, dass ihr Kind aus seiner eigenen Vernunft heraus ihre Meinung übernimmt, ohne dass sie ihm diese sagt. Für das Kind ist die abschlägige Antwort seiner Mutter nicht ersichtlich und nicht eindeutig. Sie umschreibt ihr Anliegen, diskutiert ihr Ansinnen, ohne eine klare Antwort zu formulieren. Sie versucht, ihn mit Argumenten zu ihrer eigenen Überzeugung zu führen. Durch eine gezielte Fragetechnik à la Sokrates möchte sie ihrem Sohn nicht ihren Willen und ihre Ideen aufzwingen, sondern versucht, ihn zu lenken, damit er von selbst und freiwillig ihre Meinung übernimmt. So eine Fragetechnik ist vernunftorientiert. Wie wir bereits mehrfach erwähnten, sind die Reaktionen der Kinder nicht aus der Rationalität entsprungen, sondern aus der Emotionalität, deshalb können wir sehen, dass diese Fragetechnik ohne großen Erfolg bleibt.

Das Kind möchte Fahrrad fahren und es setzt alles darauf, dieses durchzusetzen. Es ist taub für die logischen Erklärungen seiner Mutter. Die Argumentation der Mutter ist völlig irrelevant.

Vor allem wissen Kinder in diesem Alter in der Regel genau, was die Eltern ihnen sagen und auch sagen werden. Auch in dieser Situation hat das Kind ähnliche Diskussionen und Begründungen gewiss öfter gehört und zerredet. Hier können wir ebenfalls die unterschwelligen Botschaften, welche dem Kind vermittelt werden, genauer anschauen. Die verdeckte Sachbotschaft: „bei Regen wird nicht Fahrrad gefahren!" wird dem Kind indirekt mitgegeben. Die Gefühlsebene wird deutlicher: „Ich mache mir Sorgen um deine Gesundheit, habe Angst, dass du dich im Regen erkältest ..." Die Selbstoffenbarung ist eindeutig: das Kind erfährt, dass die Mutter selber bei so einem Wetter kein Fahrrad fahren würde. Der Appell ist dahingehend, dass die Mutter möchte, dass das Kind von sich aus auf ihre Wünsche hört.

> **Wenn die Intention der Kinder die direkte Bedürfnisbefriedigung ist, helfen keine logischen Argumente, damit sie Einsicht zeigen.**

► *Alternativen*

„Ich will Fahrrad fahren", sagt Fabian, „darf ich raus, Fahrrad fahren?", fragt der achtjährige Junge an einem kalten, verregneten Dezembertag.

„Guck mal nach draußen" ist die Antwort der besorgten Mutter.

„Ja, und? Darf ich jetzt?"

„Es regnet, und deshalb möchte ich nicht, dass du draußen Fahrrad fährst. Frag mal deinen Freund, ob er gleich hierhin zum Spielen kommen möchte oder ob du bei ihm spielen kannst."

Der Wunsch des Kindes wird eindeutig abschlägig beantwortet und es wird kein Raum gelassen, dass es mit seiner Mutter diskutiert und die eindeutige Eingabe zerredet. Ferner werden dem Kind hier Alternativen angeboten, so dass sein Bedürfnis, die Langeweile zu vertreiben, berücksichtigt wird.

Der kleine Jan ist sechs Jahre alt. Er ist der Stolz seiner Eltern. Mit seiner Intelligenz begeistert er sie immer wieder. Seine Eltern beschlossen, ihn entsprechend seines Intellektes zu behandeln und ihm alles zu erklären, damit er weiß, worum es geht, und alle Begebenheiten mit ihm auszudiskutieren. Jans Vater war mit ihm, seiner zwei Jahre jüngeren Schwester, mit einer Freundin und ihren zwei Kindern in der Stadt. Die Kleinen stritten um eine Wippe. Als der Junge seine Schwester schlug, sprang der geduldige Vater auf, nahm den Jungen und setzte ihn auf seinen Schoß, und fragte ihn, warum er ihn hier hingesetzt habe. Der Junge dachte nicht daran, seinem Vater eine angemessene Antwort zu geben: „Lass mich los, du tust mir weh!"

„Warum bist du hier?"

„Du tust mir am Bauch weh!"

„Ich habe dich etwas gefragt!"

„Lass mich los, dann sage ich es dir."

„Nein. Ich habe dich hier hingesetzt und möchte eine Antwort!"

„Nein! Du weißt, warum, und ich auch, lass mich los, dann sag ich es dir."

Vater und Sohn diskutierten, ohne zu einem Ziel zu gelangen und ohne neue Komponenten hinzuzufügen. Als der Junge keine Lust mehr auf seinen Vater hatte, schaute er seinen Vater an und sagte: „So, ich habe keine Lust mehr, du hast mich hier hingesetzt, weil ich meine Schwester gehauen habe, und das soll ich nicht machen. Entschuldigung! Ich werde es auch nie wieder machen." Der Vater ließ seinen Sohn wieder spielen und fragte sich, wozu das Ganze gut war.

In dieser Situation hatte nicht der Vater das Geschehen in der Hand, sondern der Sohn. Es könnte den Anschein haben, als ob der Sohn seinen Vater erzieht, ihm den Weg weist und den Ton angibt.

Die letzte Frage, die der Vater sich hier gestellt hat, ist das Wichtigste an der ganzen Situation. Die Zielorientierung, mit welcher der Vater auf diese Situation herangegangen ist, hat fehlgeschlagen.

Die Absurdität, mit welcher der Junge die Parolen seines Vaters beherrscht, spiegelt die Sackgasse solcher Gespräche. Der Junge weiß, dass er etwas Verbotenes gemacht hat, und kennt auch das darauf folgende Verbalisieren. Es ist ein ihm bekanntes Muster und lässt vermuten, dass der Vater regelmäßig zu dieser Methode zurückgreift. Auch hier wird wieder das Katastrophenrezept „mehr des Gleichen" angewendet.

Da der Junge weiß, worum es geht und die Parolen des Vaters zu keinem Resultat führen, sollte er seine Strategie ändern, den Prozess des Jungen unterbrechen, ohne mit ihm zu reden.

Nie das Katastrophenrezept mehr des Gleichen anwenden: Wenn Eltern merken, dass ihre Parolen zu keinem Resultat führen, sollten sie diese einstellen, und nicht weiter und intensiver diskutieren.

2 Nicht alles persönlich nehmen

Das Verhalten der Kinder ist in den seltenen Fällen mit rein logischen Instrumenten verständlich. Es dient in erster Linie dem Umgang und dem Zurechtkommen der Kleinen mit der Welt und mit ihrem persönlichen emotionalen Erleben. In den meisten Fällen ist es ein Verhalten, um etwas zu erlangen, selten gegen etwas. Es dient einer Bedürfnisbefriedigung. Hierzu gehört auch der Umgang mit Frust. Ihn loszuwerden stellt ein wichtiges Bedürfnis der kindlichen Anliegen dar. Kinder lernen von ihrer Umwelt, vor allem ihren Eltern, in relativ frühen Jahren, dass es hilfreich ist zu schimpfen, wenn sie sich ärgern oder anderweitig eine Frustration aufgekommen ist. Dieses Verhalten dient also der eigenen Beruhigung und ist in den seltensten Fällen, wenn die Eltern beschimpft werden, gegen sie als Personen gerichtet. Auch wenn diese in ihrer Wortwahl jene direkt ansprechen und/oder gezielt verletzende Parolen benutzen, so meinen sie doch selten, was sie sagen. Alle Eltern, mit denen ich über dieses Thema gesprochen habe, bestätigten, dass kindliche Aussage wie „Geh weg! Ich hab dich nicht mehr lieb! Ich will nicht mehr, dass du meine Mami bist!" von den Kindern nicht ernst gemeint sind. Trotzdem benutzen Kinder in nicht seltenen Situationen solche oder ähnliche Sätze. Wir werden nur in der Lage sein, diese Aussagen zu verstehen, wenn wir nicht den inhaltlichen, sondern den emotionalen Gehalt nachvollziehen. Kinder reagieren aus dem Affekt heraus mit einer niedrigen Frustrationstoleranz. Das bedeutet, dass sie mit dem Frust über das Versagen einer direkten Bedürfnis-befriedigung nicht zurechtkommen. Sie wollen also weniger ihre Eltern mit ihren Worten treffen, sondern suchen sich nur ein Ausgleichsventil, um zu einem inneren Gleichge-wicht zurückzufinden.

Das Ermahnen und Tadeln fruchtet häufig nicht, weil die Eltern und der Rest der Umwelt den Kindern dieses Verhal-ten vorleben. Es ist eine weitverbreitete Methode, mit Frust und Ärger umzugehen. Wenn ein erwachsener Mensch sich den Arm gestoßen hat und schreit: „So ein Mist!", sein Part-ner oder Kollege, der neben ihm ist, fragt, warum er mit ihm geschimpft habe, sagt dieser, dass er ihn nicht gemeint habe. Es sei ihm „so ausgerutscht", weil er sich wehgetan habe. Und zeitgleich scheint es unendlich schwierig zu sein, den Kindern ähnliches Verhalten zuzubilligen und es als Eltern in diesem Kontext und nicht im Kontext des persönlichen Angriffs zu verstehen.

Die Angriffe und Beleidigungen der Kinder entstehen nicht aus Unliebe den Eltern gegenüber, sondern aus der Unfähigkeit, mit Frust umzugehen.

Um zu verstehen und zu begreifen, welcher Prozess hier ab-läuft und welche Persönlichkeitsmerkmale der Eltern hier aktiviert oder gar angegriffen werden, sollten wir einen Schritt zurückgehen und die Existenz, das Dasein der Eltern betrachten. Vor allem die Zeit, bevor diese zu Eltern wurden.

Mutter und Vater waren ein Paar (im Normalfall), und davor waren sie zwei einzelne und unabhängige Individuen.

Jeder von beiden ist ein eigenständiges System mit seinen persönlichen Weltanschauungen, eigenen Ideen, eigene intellektuelle Fähigkeiten, eigenen Handlungsschemen, eigene Problembewältigungsstrategien, eigenen Vorlieben und Hobbys. Diese eigenständigen Personen waren „okay", das heißt, sie waren in Ordnung. Diese Systeme haben existiert, bevor sie zu Eltern wurden und hatten dementsprechend ein eigenes Existenzrecht.

Dieses Recht zu existieren ändert sich nicht oder verfällt nicht nur, weil die einzelnen Individuen eine neue Rolle im Leben eingenommen haben. Sie sind Eltern geworden, haben ihre vorherige Existenz nicht aufgegeben und verlieren sie auch nicht, wenn sie ihre Elternrolle nicht adäquat ausüben. Egal, was passiert, das Existenzrecht, welches vor dem Elternwerden da war, bleibt von allem Weiteren unberührt.

Egal, ob es den Eltern gelingt, sich als „gute" Eltern zu profilieren oder nicht, bleibt ihnen das Existenzrecht erhalten. Vor allem bleibt dieses Recht zu „sein" auch dann erhalten, wenn etwas im Leben nicht gelingt. Ein Versagen in irgendeiner Handlung oder Rolle darf nicht, auch nicht im tiefen Inneren eines Menschen, dazu führen, dass dieser Mensch an seinem Lebenswert zweifelt oder sein Existenzrecht in Frage stellt. Auch ein abweichendes Handeln oder nicht gelungenes Verhalten der Eltern in ihrer Elternrolle, macht sie erstens nicht zu „schlechten Eltern" und impliziert zweitens nicht die Vernichtungspflicht der Ausübung dieser Rolle. Wenn den Eltern also von den Kindern widersprochen wird oder die Kinder nicht wunschgemäß handeln, ändert dieses nichts an der Person des Elternteils und an seinem

Existenzrecht. Es gilt auch das Gleiche, wenn die Kinder etwas angestellt haben und die Eltern darauf angesprochen werden.

Die Verhaltensweisen der Kinder dürfen nicht die Gemütslage der Eltern bestimmen, weil es ein Verhalten der Kinder und nicht der Eltern ist. Ein eventuelles Versagen der Kinder bleibt ein Versagen der Kinder und wird nie zu einem Versagen der Eltern, auch wenn dieses oft so kommuniziert wird. Ein Spruch, welcher diesen Gedankengang untermauert, ist: „Eltern haften für ihre Kinder". Auch wenn dieser Satz eine rechtliche Relevanz haben sollte[8], was die finanzielle Erstattung in einem Schadensfall betrifft, so ist dieser Spruch aus existenzieller Sicht nicht nur nicht haltbar, sondern nicht korrekt. Auch wenn die Kinder einst Teile der Eltern gewesen sind, so sind sie nunmehr einzelne Persönlichkeiten, zwar noch abhängig von ihren Eltern, immer noch in einer Entwicklungs- und Lernphase, doch aber unabhängig von ihnen, was ihr Verhalten betrifft. Sie stellen keinen unzertrennlichen Teil der Eltern dar.

Es ändert sich durch das Verhalten der Kinder nichts an dem Status oder an dem Existenzrecht der Eltern. Sie werden nicht entsprechend des Verhaltens ihrer Kinder zu besseren oder zu schlechteren Menschen. Wenn Eltern dieses für sich klar definiert haben und auch kommunizieren können, zielt

---

[8] Da ich weder ein Rechtsgelehrter bin, noch im rechtlichen oder Versicherungsbereich tätig bin, kann ich diese Aussage weder aus rechtlicher noch aus versicherungstechnischer Sicht bewerten oder beurteilen. Es ist auch nicht mein Anliegen, Eltern aufzufordern, nicht für einen entstandenen Schaden ihrer Sprösslinge aufzukommen. Mein Anliegen betrifft hier die existenzielle Sicht mit der Differenzierung zweier unterschiedlicher Persönlichkeiten, die des Kindes und die der Eltern.

ihr primäres Ziel nicht darauf hin, von den Kindern für ihr eigenes Verhalten, oder von der Gesellschaft aufgrund eines „guten" Verhaltens der Kinder, Anerkennung zu erlangen. Genauso wie Eltern stolz auf ein positives Handeln ihrer Kinder reagieren, fällt ihre Reaktion beschämt bei einem negativen Handeln aus.

Es sind hier zwei unterschiedliche Themen, welche in der einen Thematik mitschwingen. Auf der einen Seite geht es um den Auftritt der Eltern in der Öffentlichkeit, auf der anderen Seite um den direkten Umgang mit dem eigenen Kind. Egal, wie harmonisch die Eltern-Kind-Beziehung auch sein mag, gibt es immer wieder Situationen, in denen sich das Kind über die Grenzsetzung der Eltern ärgert, in denen es sich von ihnen eingeschränkt fühlt und sie als die Ursache des erlebten Frustes betrachtet. In solchen Situationen können Kinder durchaus auch ihre Eltern verbal attackieren. So geht es hier nicht um eine zugesprochene Anerkennung, sondern um die Diffamierungen und Beleidigungen, wenn die Kinder z.B. nicht erhalten, was sie wollen, und direkt die Eltern persönlich angreifen. Souveräne Eltern, die sich ihrer Liebe ihrem Kind gegenüber und ihres persönlichen Existenzrechts sicher sind, sehen keine Notwendigkeit, sich zu verteidigen und ihr Verhalten zu rechtfertigen.

Neulich an der Kasse im Supermarkt wurde ich Zeuge einer faszinierenden Situation souveräner Eltern:

Das Mädchen war um die drei Jahre alt, hatte sich ein Kaugummi ausgesucht und hielt es in den Händen fest. Der Vater hatte den Wagen, die Mutter räumte ihn aus und legte alles auf das Kassenband. Der Vater nahm dem Mädchen das Kaugummi aus der Hand und legte es ebenfalls auf das Band. Es fing an zu protestieren. Der Vater erklärte einmal mit ruhiger Stimme, dass das Kaugummi so wie alles andere bezahlt werden müsse. Das Kind ließ sich nicht beruhigen und die Eltern sich nicht aus der Ruhe bringen, was das Wichtigste in dieser Situation war. Sie drehte sich zum Vater und schimpfte ihn aus. Auch die Mutter ließ sich nicht von ihrer Arbeit ablenken. Sie räumte das Band weiter voll und schien an der gesamten Situation nicht teilzunehmen. Erst als sie diese beendete, nahm sie wortlos ihre Tochter auf den Arm. Diese schimpfte ununterbrochen weiter auf dem Vater und hörte nach einer Weile, ohne dass einer der Eltern reagiert hatte, auf.

In diesem Fall ließen sich die Eltern nicht auf die Aussagen des Mädchens ein. Sie hatten einen Plan, wussten, was sie wollten und wussten die Situation einzuschätzen. Sie gingen nicht auf die Aufforderungen der Tochter ein, ohne ihre Grundbedürfnisse zu ignorieren. Auch wenn sie nicht „gehorcht" und sich nicht erklärt haben, standen sie ihrer Tochter trotzdem als Sicherheit bietenden Bindungspersonen zur Verfügung. Sie blieben souverän und hatten die Situation im Griff. Die persönliche Sicherheit dieser Eltern macht sie auch immun gegen die Blicke und Anmerkungen der anderen einkaufenden Menschen, welche in nicht wenigen Situationen solche Handlungen bewerten und mit missbilligenden Blicken oder besserwissenden Sätzen den Einsatz der Eltern kommentieren und zu reglementieren versuchen. Der Vater nahm die Anschuldigungen des Mädchens nicht persönlich und befand sich somit nicht in der Sackgasse der Rechtfertigungen wieder. Er wusste, dass das Verhalten seiner Tochter sich nicht gegen seine Liebe richtete, sondern aus ihrer Ungeduld entsprungen war. Sie hatte noch nicht gelernt, geduldig zu warten, und ihr Vater gab ihr mit seiner inneren Ruhe die Möglichkeit, dieses zu üben und somit zu lernen. Kinder können grundsätzlich nicht warten. Vor allem dann nicht, wenn ihnen diese Gabe nicht durch die Geduld der Eltern kultiviert wird. In dem die Eltern die Ruhe bewahren, spiegeln sie ihrer Tochter diese Ruhe und übertragen sie auf sie. Die Eltern haben in dieser Situation das Verhalten der Tochter ignoriert, keinesfalls aber ihre Tochter. Somit konnte das Verhalten ausgesessen werden und abklingen. Natürlich wird sich das Mädchen, wenn es am darauf folgenden Tag in die gleiche Situation kommt, wieder ähnlich verhalten. Ein Lernprozess ist keine Zauberei, und er führt auch nicht dazu, dass die grundlegenden Bedürfnisse von einem Tag auf den anderen Verschwinden. Der Umgang mit solchen Situationen wird trainiert und die Zeit, die das Mädchen mit Weinen und Schimpfen verbringt, verkürzt sich bei jedem Mal um Sekunden, bis dass es irgendwann aufhört. Dann hat es gelernt, mit seinem Frust umzugehen.

Wenn die Eltern das Verhalten des Mädchens, ihren Wunsch, das Kaugummi zu bekommen, nachvollziehen können, die Beschimpfungen aber nicht als eine Reaktion, also als eine nicht zielorientierte Handlung, betrachten, sondern persönlich, als einen Angriff auf ihr Selbst nehmen, wandeln sie dieses Verhalten zu etwas, was es nicht ist. Das Kind hat geschimpft, um das Kaugummi zu bekommen, und nicht, um seine Eltern zu beleidigen. Wenn nun aber nicht das eigentlich beabsichtigte Ziel des Kindes empfangen wird, können sich die Eltern in ihrer Existenzberechtigung bedroht fühlen, weil sie nun glauben können, ihre Tochter habe sie nicht mehr lieb. Deshalb fangen sie an, sich zu rechtfertigen und zu erklären, und verstärken hiermit das unerwünschte Verhalten. Es bildet sich für das Kind ein greifbares Muster, es lernt, dass es mit dem eigentlich unerwünschten Verhalten etwas erreicht. So wird dieses Kind dieses Verhalten in ähnlichen Situationen immer wieder einsetzen. Die Gefahr besteht dann, dass sich die Frustrationstoleranz nicht bildet und das Kind nicht lernt, angemessen zu reagieren. Es wird nach jeder Bedürfnisversagung auf ein ihm bekanntes Muster (weinen und schreien) zurückgreifen.

Ebenfalls können die Kinder dann lernen, dieses Verhalten auch in andere Situationen einzusetzen. Für unbeteiligte Beobachter wird es den Anschein haben, als würden diese Kinder nicht mehr aus dem Trotzverhalten herauswachsen, dabei setzen sie nur die Problembewältigungsstrategie, die sie gelernt haben, um. Ihr Verhalten ist kein trotziges, widersprechendes Verhalten, sondern ein zielorientiertes Handeln, das sie in einem langen Lernprozess, indem sie jedes Mal eine Bedürfnisbefriedigung bekamen, gelernt haben.

> **Wenn das unerwünschte Verhalten der Kinder nicht persönlich genommen wird, kann es geduldet und ausgesessen werden, und die Frustrationstoleranz der Kinder kann sich entwickeln. Somit wird das unerwünschte Verhalten auch nicht verstärkt, und es kann sich daraus kein Muster entwickeln.**

Auf der anderen Seite wurde hier deutlich, dass das Miteinander der Eltern funktionierte und diese als eine Sicherheit gebende Einheit auftraten. Sie gaben sich nicht gegenseitig die Schuld für das Weinen und Schimpfen der Tochter, sondern nahmen es als ein eigenes Verhalten der Tochter an, welches aus ihrem eigenen Frust entsteht und nicht reaktiv aufgrund der elterlichen Verhaltensweisen zum Vorschein kommt. Sie akzeptierten damit auch den Frust des Mädchens und ihr Recht auf diesen Frust.

Oft erleben wir in solchen Situationen, dass die Eltern das Verhalten der Tochter nicht nur persönlich nehmen, sondern auch direkt oder indirekt den anderen Elternteil dafür verantwortlich machen. Es gibt eine persönliche Schuldzuschreibung und damit verbunden der Vorwurf des falschen Handelns. Dem Mädchen wird suggeriert, dass es im „Recht" sei, und dass das verantwortlich gemachte Elternteil an seinem Frust sinnlos aktiv beteiligt war. Das wäre der Fall gewesen, wenn die Mutter z.B. das Kaugummi ihrer Tochter wiedergegeben hätte, um sie zu beruhigen und es nur eben kurz zum Einscannen der Kassiererin gegeben hätte. Wenn die Mutter hierbei keinen Kommentar von sich gegeben hätte, wäre die Anschuldigung indirekt und ohne Worte erfolgt. Der Vater hätte die Botschaft aber erhalten, die Tochter hätte daraus gelernt, dass ihr Vater ihr etwas wegnimmt und ihre Mutter es ihr zurückbringt. Diese Differenzierung zwischen den Eltern und ihre Einteilung in „Gut" und „Böse" hat zur Folge, dass das Mädchen lernt, ihre Eltern gegeneinander auszuspielen, und dass sie mit ihrem Schreien eine direkte Bedürfnisbefriedigung erlangen kann, somit wird sich die Frustrationstoleranz aus Mangel an Notwendigkeit nicht bilden.

Weitere Anschuldigungen, wenn sie direkt ausgesprochen werden, erfolgen meist über Sätze wie: „Du hättest ja warten können, bis wir dran sind, dann wäre das Kaugummi als erstes eingescannt worden und sie hätte es sofort wieder haben können", oder ebenfalls nonverbal, durch Mimik, Gestik oder Zungenschnalzen.

Eltern machen dieses, weil wir in einer Gesellschaft leben, in der die Lösungswege darin bestehen, einen Schuldigen zu finden. Wenn sich etwas ereignet, wie hier das Weinen des Mädchens und der Ausdruck ihres Frustes, neigen wir dazu, um dieses zu lösen, einem Elternteil eine Schuldzuweisung zu machen und gehen auf das eigentliche Ereignis gar nicht mehr ein. Ferner ist es einfacher, die Unzulänglichkeiten des Partners darzulegen, als die eigene Handlung zu bewerten. In solchen Situationen wird oft über den Umgang mit den Kindern die Beziehung der Eltern zueinander reflektiert und bewertet, ohne dass es sich im Kern um die Kinder und deren Verhalten dreht. Und eine Situation, wie wir sie soeben dargelegt haben, scheint dafür sehr geeignet zu sein.

> **Schuldzuweisungen und einen Schuldigen finden, ist die Reaktionsmethode, welche in unserer Gesellschaft als Lösungsweg betrachtet wird, dadurch wird oft die Beziehung der Eltern zueinander bearbeitet, ohne dem Kind zu helfen, mit seinem Frust umzugehen.**

Was auch immer die Ursachen für solches Verhalten sind, das Resultat bleibt immer das Gleiche, und das Kind erreicht immer wieder dieselbe Botschaft: „Ein Elternteil kann es nicht!" Diese Botschaft verunsichert die Kinder, weil ein Elternteil, welches „es nicht kann", auch nicht in der Lage ist, dem Kind Sicherheit zu bieten. So wird deutlich, warum die gegenseitigen Anschuldigungen die Kinder verunsichern. Da verunsicherte Kinder versuchen, wie bereits gesehen, die Situation, meistens ohne wirklichen Erfolg, aber mit einer momentanen Erleichterung, selber in die Hand zu nehmen, erleben wir ein selbstbestimmtes, oft an der direkten Bedürfnisbefriedigung orientiertes, Handeln. Dieses Verhalten ist nicht geeignet, die Kinder in eine Selbstständigkeit zu führen, weil es ihnen bei der Entwicklung wichtiger psychischer Reifefunktionen im Weg steht. Damit sich diese entwickeln können, benötigt das Kind die richtungweisende Sicherheit der Eltern.

Die Art und Weise, wie die Eltern im oben beschriebenen Fall auf die Einwirkungen der Tochter reagiert haben, war genau das Richtige, da sie das Geschrei und das Geschimpfe der Tochter ignoriert, das Mädchen aber ernst genommen haben. Hier wurde das Verhalten und nicht die Verhaltende ignoriert (ein Punkt, auf dem wir im späteren Verlauf noch ausführlicher zu sprechen kommen werden). Sie sind nicht auf die inhaltlichen Aussagen des Mädchens eingegangen, haben ihr aber Trost durch Körperkontakt gegeben, sie auf den Arm genommen, erst der Vater, dann die Mutter. Die inhaltlichen Aussagen des Kindes wurden nicht zerredet (siehe vorheriges Kapitel), und es hat den Anschein, als seien sich die Eltern bewusst gewesen, dass die Kontakttröstung effizienter ist als das Verbalisieren.

> **Das unerwünschte Verhalten der Kinder ignorieren, die Kinder und ihre Bedürfnisse durch viel Körperkontakt wahr- und ernst nehmen.**

Ein weiteres Beispiel wird die Fähigkeit der Kinder, jeden Schutzwall der Eltern zu durchbohren und sie emotional zu treffen, verdeutlichen. In solchen Situationen sollten Eltern einen klaren Kopf behalten und sich ihrer Liebe ihren Kindern gegenüber sicher sein. Diese Liebe vergeht oder verblasst nicht, wenn die Eltern anderer Meinung sind als ihre Kinder und diese dem Kind auferlegen.

Eltern ärgern sich über das Verhalten ihrer Kinder, schimpfen mit ihnen, haben danach ein schlechtes Gewissen, dass sie so streng waren, und zweifeln an ihrer Liebe. Wenn die Kinder ihren Unmut zeigen, wird dieser Zweifel geschürt, was zu einer Verunsicherung der Eltern führt. Durch diese Verunsicherung werden sie wiederum angreifbar und schwanken in ihrer Meinung und ihrer Haltung. Aus diesem Grund sollten sich Eltern ihrer Liebe ihren Kindern gegenüber sicher sein, so schaffen sie es, gehörte Beleidigungen und Beschimpfungen zu ignorieren.

Der dreijährige Daniel geht um zwölf Uhr zu seiner Mutter und bittet sie um ein Eis: „Darf ich ein Eis haben?"
„Nein Schatz, du hattest gerade schon eins."
„Ich will aber noch eins."

„Das geht aber nicht, wir werden gleich Mittagessen."

„Ich habe keinen Hunger."

„Ja, dann kannst du auch kein Eis essen."

„Doch, Oma sagt, ein Eis geht immer."

„Darum geht es jetzt nicht. Erstens hattest du schon ein Eis und zweitens gibt es gleich Mittagessen."

„Es ist ganz lange her, dass ich ein Eis hatte. Das ist für mich wie gestern. Ich will jetzt ein Eis, kein Mittagessen."

„Nein, jetzt nicht. Wir können schauen, was nach dem Mittagessen ist."

„Ich will es aber jetzt!"

„Du brauchst gar nicht anfangen, laut zu werden. Ich habe nein gesagt."

„Du bist blöd. Nie darf ich etwas. Immer sagst du nein. Alles, was ich will, bekomme ich nicht."

„Das stimmt doch nicht. Soll ich auflisten, was du alles bekommst, wenn du es willst?"

„Was denn? Ich will ein Eis! Du bist gemein!"

„Nein, bin ich nicht. Ich habe dich sehr lieb."

„Hast du gar nicht. Ich darf kein Eis."

„Doch ich habe dich sehr lieb. Komm mal her." Sie holt sich ihren Sohn und setzt ihn auf ihrem Schoß und küsst ihn auf die Stirn. „Ich finde das nicht schön von dir, dass du mir jetzt sagst, dass ich blöd bin, und dass ich dich nicht mehr lieb habe, nur weil ich dir kein Eis gebe. Du bist das Wichtigste für mich."

„Dann gib mir doch bitte ein Eis."

„Aber wir essen doch gleich zu Mittag."

„Wenn du mir kein Eis gibst, hast du mich nicht lieb."

„Doch habe ich."

„Nein, gib mir ein Eis, dann hast du mich lieb."
„Aber du wirst auch den ganzen Teller, den ich dir zu Mittag gebe,
essen. Sonst war es das letzte Mal, dass ich auf dich gehört habe." ...

Die Mutter in diesem Beispiel hat ihre Meinung geändert, weil sie ihrem Sohn beweisen musste, dass sie ihn lieb hat. Es hat den Anschein, als ob sie ihrer Argumentation selber keinen Glauben schenkt oder im Inneren die Meinung des Kindes vertritt und ihr Verbot als etwas betrachtet, was ihrer Liebe ihrem Kind gegenüber widerspricht. Ihre Sachargumente, warum es kein Eis zu essen gibt, hat das Kind ignoriert, nicht wahrgenommen oder nicht verstanden. Schließlich brachte die Mutter zwei unterschiedliche Argumente vor und vertrat im Endeffekt keines von beiden. Entsprechend des Entwicklungsstandes des Kindes interessieren ihn auch keine Sachargumente. Er ist auf eine direkte Bedürfnisbefriedigung aus.

Hier hätte die Mutter das Thema nach ihrem Nein direkt beenden müssen. In dem Augenblick, indem das Kind den „Oma-Joker" ins Spiel gebracht hat, hätte die Mutter nicht weiter begründen müssen. Als das Kind merkte, dass dieser Joker nicht unmittelbar funktioniert, baute es seine Argumentationskette aus und hinterfragte die Liebe seiner Mutter, ging also überhaupt nicht auf die Sachebene der Mutter ein, sondern mit ihr auf eine emotionale. Das Kind hat gelernt, die Argumentationen der Mutter auf der emotionalen Ebene anzugreifen. Die Mutter ist sofort auf seine Vorwürfe eingestiegen und befand sich in der Pflicht, sich zu rechtfertigen, und sie musste ihre Liebe dem Kind beweisen.

Dass das Kind zu seiner Mutter gesagt hat, sie sei blöd, bedeutet nicht, dass es das auch so meint. Das Kind ist sich der Liebe seiner Mutter in seinem tiefen Inneren ebenfalls sicher, auch wenn es sich in dieser Situation überfordert fühlt und nicht mit seinem Frust umgehen kann. Diese Reaktionen erfolgen, weil das Kind eben dieses noch nicht gelernt hat. Und in diesem Beispiel bietet die Mutter ihm auch keine Möglichkeiten, es zu lernen.

Es könnte hier auch den Anschein haben, als ob sie selber an ihrer Liebe zu ihrem Sohn zweifelt und es sich erneut beweisen muss. Ihre ausgeprägte Einfühlsamkeit sorgt dafür, dass sie ihr ausgesprochenes Verbot nicht nur nachempfindet, sondern selbst empfindet. Hier scheint die Grenze zwischen dem „Ich" der Mutter und dem „Ich" des Kindes nicht eindeutig zu sein, so dass jeder erlebte Frust des Kindes zu einem unmittelbaren Schmerz der Mutter führt. Das ist wiederum der Grund, warum sie an ihrer Liebe zu zweifeln anfängt und sie sich schließlich zu einer Meinungsänderung bewegen lässt. Wenn das Kind traurig weint und die Mutter die eigentlich einfache Linderung des Leidens nicht zulässt, fühlt sie sich als „Rabenmutter". Die Worte des Sohnes werden nicht als zu ignorierende Aussagen, die aus Frust entstanden sind, betrachtet, sondern werden als gerechtfertigte Anschuldigungen, die geglaubt und persönlich aufgenommen werden, bewertet.

Der langfristige Schaden, der hier entstehen könnte, besteht wie in den vorherigen Situationen darin, dass dem Kind die Möglichkeit genommen wird, seine Frustrationstoleranz zu entwickeln. Diese Ich-Funktion entwickelt sich nur in einem aktiven Handeln und ist nicht ab einem gewissen Alter aus dem Nichts heraus präsent. Sie ist auch keine Funktion, welche auf rationale Argumente basiert, sondern auf der Gefühlsebene.

Ferner erhält das Kind ein Schema, um den Sicherheit gebenden Rahmen seiner Mutter zu durchbrechen. Dieser Rahmen bietet nunmehr keine Sicherheit mehr. Das Kind hat einen augenblicklichen Erfolg und bekommt auf der Lustebene, was es gerne hätte. Dadurch wird das Verhalten verstärkt und ein Schema manifestiert sich, was dem Kind eine Handlungsabfolge in eben solchen Situationen an die Hand gibt, so dass es immer wieder entsprechend handeln wird. Auch wenn das Kind auf der Ebene der direkten Bedürfnisbefriedigung sein Ziel erreicht, so wird es ihm an Sicherheit mangeln und es wird sich immer öfter genötigt fühlen, seine Angelegenheiten selber in die Hand zu nehmen, ohne die Mutter als Halt in Betracht zu ziehen.

► *Alternativen*

Der dreijährige Daniel geht um zwölf Uhr zu seiner Mutter und bittet sie um ein Eis: „Darf ich ein Eis haben?"

„Nein, Schatz, du hattest gerade schon eins."

„Ich will aber noch eins."

„Das geht aber nicht, wir werden gleich Mittagessen."

„Ich habe keinen Hunger."

„Ist okay, ein Eis gibt es jetzt nicht."

„Aber warum denn nicht?"

„Weil ich es dir gerade gesagt habe. Willst du mal schauen, was es zu essen gibt?"

Auch hier empfiehlt es sich, ähnlich abzulenken und das Kind aus der Situation heraus zu holen.

Frustaussagen, die persönlich genommen werden, sorgen für ein schlechtes Gewissen. Daraus resultiert, dass Eltern ihre Meinung ändern und den Kindern doch erlauben, was sie ihnen vorher verboten haben. Auch hier wieder lernt das Kind, alles selber in die Hand zu nehmen, weil die Eltern ihre Meinung stets ändern und somit den Anschein erwecken, nicht zu wissen, was sie wollen.

Der kleine Marvin ist sieben Jahre alt. Ein sehr aufgeweckter Junge. Er möchte zu seinem Freund gehen, sein Vater möchte aber, dass er sein Zimmer vorher aufräumt: „Du kannst gehen, wenn du dein Zimmer aufgeräumt hast."

„Dann kann ich ja nie gehen. Weißt du, wie lange das dauert?"

„Das dauert nicht lange, sind doch nur ein paar Teile."

„Wenn es nur ein paar Teile sind, dann kann ich das auch nachher machen."

„Nein, ich will, dass du erst dein Zimmer aufräumst und dann zu deinem Freund gehst."

„Du bist gemein, nie darf ich Spaß haben. Wenn Mama hier wäre, dürfte ich jetzt gehen."

„Bestimmt nicht."

„Doch, sie räumt immer mit mir auf, damit ich gehen kann. Sie will, dass ich Spaß habe."

„Ich doch auch."

„Genau, und darum darf ich jetzt gehen."

„Du darfst ja gehen, wenn du fertig mit Aufräumen bist."

„Das dauert zu lange, dann ist es schon Abend. Du bist gemein. Nie darf ich irgendetwas machen."

„Jetzt übertreib mal nicht."

„Doch, sag mir, was darf ich denn machen, wenn Mama nicht da ist? Dann muss ich immer arbeiten und aufräumen. Du erlaubst mir nie etwas. Wie lange ist Mama noch weg?"

„Die kommt gleich nach Hause. Fang du an, aufzuräumen, und wenn sie da ist und du noch nicht fertig bist, kannst du ihr das ja sagen."

„Nein, ich will sie jetzt anrufen."

„Warum?"

„Ich will ihr sagen, dass sie besser ist als du, und dass du mir nie erlaubst, Spaß zu haben."

„Ich will aber doch, dass du Spaß hast."

„Dann musst du mir helfen."

„Ich soll mit dir aufräumen?"

„Ja, sonst sage ich Mama, dass du mich nicht zu meinem Freund gehen lässt."

„Also gut"…

Der Junge zog den „Mama ist besser als du" Joker. Andersherum funktioniert dieser häufig ebenfalls.

Diese Situation ähnelt der Vorherigen, mit dem Unterschied, dass die Vorwürfe direkter und klarer formuliert sind. Auch hier geht es hauptsächlich darum, dass der Vater seinem Kind beweisen will, dass er es ebenfalls, also so wie die Mutter, lieb hat. Der Vater hat sich relativ schnell verunsichern lassen, begonnen, sich zu verteidigen und sich zu rechtfertigen. Es hat auch hier wieder den Anschein, als zweifle der Vater an seiner Liebe, als glaube er seinem Sohn, dass die

Aufräumaufforderung ein Zeichen mangelnder Liebe sei. Aus welchem Grund er dieses macht (er erinnert sich an die Zeit, als er als Kind nicht gerne aufräumen wollte; er empfindet den Frust seines Kindes und seine Unlust nach; die Traurigkeit des Jungen überträgt sich auf ihn und sie wird zu seinem empfundenen Gefühl) ist nicht relevant, es kommt auf das Resultat an, welches dem Kind die Botschaft mitgegeben hat, dass es sich selber um sich kümmern muss, da der Vater nicht weiß, was er will.

Je sicherer sich die Eltern ihrer Liebe ihren Kindern gegenüber sind, desto weniger verspüren sie die Not, dieses zu beweisen, desto weniger sind sie für Anschuldigungen dieser Art anfällig. Hätte der Vater seinem Sohn bei den Aufräummaktionen helfen wollen, hätte er dieses direkt als Angebot gegeben. Hier tat er es nur, um zu beweisen, dass er seinen Sohn, so wie die Mutter, lieb habe und nicht „schlechter" sei als sie.

Die Erklärungen der Kinder, dass ihre Eltern sie nicht lieb haben, wenn sie sie zu Pflichtaufgaben auffordern oder ihrer direkten Bedürfnisbefriedigung im Weg stehen, kommt bei den Eltern nur an, wenn diese an sich schon eine Verunsicherung verspüren.

Hier geht es um ein Rollenverständnis und das damit verbundene Existenzrecht. Eltern ziehen in der Regel aus dem positiven Rollenverständnis (guter Vater, gute Mutter) eine Lebensaufgabe und damit verbunden eine Art Daseinsberechtigung. Je besser und je gelingender ihr elterliches Handeln, desto größer ihr Selbstwertgefühl und damit verbunden ihr Existenzrecht. Durch die oben erwähnten

Anschuldigungen schwanken Eltern, wenn sie sich ihres Existenzrechtes nicht sicher sind und nur über das elterliche Dasein definieren. In diesen Fällen ziehen die Eltern ihr Existenzrecht durch ein Persönlichkeitsmerkmal, welches sich auf die Elternidentität reduziert. In diesem Augenblick fühlen sich die Eltern im Stich gelassen. Als ob das Kind sie allein gelassen und sie wirklich nicht mehr lieb hätte. Und dann fragen sie sich nach diesem Persönlichkeitsmerkmal „Eltern" und fühlen dieses herabgesetzt, da „gute Eltern" liebende Eltern sind und sie sich in diesem Augenblick als nicht liebend wahrnehmen. Sie fühlen sich somit entwertet und ihre Existenz und ihr Existenzrecht gefährdet.

Die Anmerkungen der Kinder, bzw. ihre Anschuldigungen und Angriffe, werden als persönliche Bewertungskriterien, welche das eigene Selbst reflektieren, aufgenommen und dominieren das Geschehen. Bewertungskriterien dürfen aber, um eingesetzt werden zu können, nicht Launen abhängig sein, und somit können sich die Eltern eines sicher sein: diese Meinung der Kinder hat keine Allgemeingültigkeit. In den Situationen, in denen Kinder unzufrieden sind, sollte das den Eltern bewusst sein. Und im Dunst dieser Gemütslage sollten auch die Aussagen der Kinder verstanden werden. Die Ansagen der Kinder werden als Frustansagen, denen kein großer Wert beigemessen wird, betrachtet. Als Eltern müssen Sie sich eines sicher sein: Sie haben Ihre Kinder lieb, auch wenn Sie ihnen etwas verbieten werden. Schließlich machen Sie dieses häufig, weil Sie sie lieben. Ihnen alles zu erlauben ist im Gegensatz zur augenblicklichen Wahrnehmung der Kinder kein uneingeschränkter Liebesbeweis.

> Liebende Eltern sollten sich immer ihrer Liebe sicher sein,
> dann zweifeln sie nicht, wenn sie ihren Kindern etwas ver-
> bieten und diese daran rütteln.

▸ *Alternativen*

*... Er möchte zu seinem Freund gehen, sein Vater möchte aber, dass
er sein Zimmer vorher aufräumt: „Du kannst gehen, wenn du dein
Zimmer aufgeräumt hast."*

„Dann kann ich ja nie gehen. Weißt du, wie lange das dauert?"

„Das dauert nicht lange, sind doch nur ein paar Teile."

*„Wenn es nur ein paar Teile sind, dann kann ich das auch nachher
machen."*

*„Nein, ich will, dass du erst dein Zimmer aufräumst und dann zu dei-
nem Freund gehst."*

*„Du bist gemein, nie darf ich Spaß haben. Wenn Mama hier wäre
dürfte ich jetzt gehen."*

„Bestimmt nicht."

*„Doch, sie räumt immer mit mir auf, damit ich gehen kann. Sie will,
dass ich Spaß habe."*

*Spätestens hier, hätte der Vater aus der Situation rausgehen müssen.
Seinen Kind einen Kuss geben oder es streicheln und sich anderweitig
beschäftigen.*

Eine andere Möglichkeit wäre gewesen, wenn der Vater seinen Sohn fragt: „Möchtest du, dass ich dir helfe?". Wichtig
ist, dass die Rechtfertigungskette, welche gefolgt ist, nicht
einsetzt!

Der neunjährige Alexander hat Hunger. Seine Mutter sagt ihm, dass sie jetzt keine Lust habe, ihm etwas zu essen zu machen. Er sei auch schließlich alt genug und könne sich seine Brote selber schmieren. Der Junge bereitet sich seine Mahlzeit ordnungsgemäß zu und geht erneut spielen. Als seine Mutter eine Stunde später wieder in die Küche geht, macht sie zuerst alles sauber, und danach ruft sie ihren Sohn und fängt an mit ihm zu schimpfen, da er den Margarinetopf und die Wurst offen hat liegen lassen und die Brotkrümel samt Margarineflecken auf der Arbeitsplatte verteilt hat. Im Laufe des Gesprächs wirft sie ihrem Sohn folgendes vor: „Du machst die Küche nur so durcheinander, um mich zu ärgern, weil ich dir die Brote nicht selber geschmiert habe."

Zwei Sachen ziehen in diesem Beispiel unsere Aufmerksamkeit an sich. Auf der einen Seite, geht es um die Einstellung der Mutter gegenüber dem Verhalten ihres Sohnes, auf der anderen Seite die nicht zur Verfügung gestellten Lernmöglichkeiten.

Das Verhalten des Sohnes wird als ein persönlicher Angriff bewertet. Alles was er macht, macht er gezielt, um die Mutter zu treffen, mehr noch, er macht es nur, um sich an ihr zu rächen. Sein „Fehlverhalten" ist ihrer Meinung nach eine geplante und zielorientierte Handlung mit dem Hintergrund, sie persönlich zu treffen. Die Handlung hier kann natürlich nicht aus dem Kontext heraus bewertet werden. Es könnte sein, dass die Mutter sich als ungewürdigtes Dienstmädchen empfindet, das mit allen Aufgaben allein gelassen ist und nie Hilfe und Unterstützung erhält. Es könnte eine nachvollziehbare Reaktion der Erschöpfung und der Resignation sein.

Und trotzdem obliegt ihr die Steuerungsverantwortung. Sie sendet die Botschaften und sie bewertet die Handlungen. Das Verhalten des Kindes sollte hier als ein normales betrachtet und altersentsprechend bewertet werden. Es sollte als ein lust- und bedürfnisorientiertes Verhalten gelten und nicht als einen aktiven Angriff auf ihr Persönlichkeitsrecht und auf ihre Freiheit, und die Reaktion nicht entsprechend ermahnend und tadelnd. Der Junge wird sich missverstanden fühlen und zu Unrecht beschuldigt. Die Botschaft, die das Kind erhält besteht darin, dass es gesagt bekommt, es sei nicht okay, und es habe der Mutter gezeigt, dass es sie nicht lieb habe. Das Kind wird ein schlechtes Gewissen haben, sich entsprechend schlecht fühlen, nicht verstehen, was es tatsächlich gemacht hat, und seine Mutter nicht als Trost spendende Bindungsperson zur Verfügung haben, sich also noch zusätzlich allein gelassen fühlen.

Ebenfalls beachtet die Mutter nicht, dass sie, dadurch dass sie die Küche aufgeräumt hat, ihrem Sohn die Möglichkeit nimmt, seine vergessenen Arbeitsschritte nachzuholen und somit für die Zukunft zu lernen. Und das Kind lernt weiter, dass es seine Handlung nicht ändern braucht, da es die Aufgabe der Mutter ist, aufzuräumen. Die appellative Seite der Botschaft der Mutter, dass sie es sich wünscht, dass der Junge beim nächsten Mal nach der Essenzubereitung seinen Arbeitsplatz ordentlich und sauber hinterlässt, kommt deshalb beim Kind auch nicht an.

Die Intervention der Mutter hat somit das genaue Gegenteil von dem erreicht, was es hätte bezwecken sollen. Das Kind wird sein Verhalten beim nächsten Mal ähnlich gestalten, die Mutter sich ähnlich ärgern und die gleiche Botschaft (du bist nicht okay) wieder an das Kind richten.

▶ *Alternativen*

…Nachdem die Mutter die Küche betreten hat, und das hinterlassene Chaos sieht, ruft sie ihren Sohn und erinnert ihn daran, dass es seine Aufgabe ist, die Küche wieder aufzuräumen und hält ihn an, die versäumten Aufgaben nachzuholen. Wichtig ist hier, dass diese Erinnerung wertfrei erfolgen muss und dem Jungen keine Absicht unterstellt werden darf.

Wenn kindliches Verhalten persönlich genommen wird und die Handlungen als absichtliche Angriffe auf die Eltern wahrgenommen werden, endet der Konflikt in den meisten Fällen mit einer Entwertung der Kinder, ohne dass sich am Verhalten dieser Kinder irgendetwas ändern kann.

Die schulischen Institutionen helfen den Eltern in den meisten Situationen nicht, die Verhaltensweisen der Kinder nicht persönlich zu nehmen, da die Lehrkräfte in ihrer eigenen Hilflosigkeit und aufgrund fehlender Handlungswerkzeuge die Eltern persönlich für das Verhalten ihrer Kinder verantwortlich machen. Dieses erfolgt z. B. dadurch, dass die Eltern den Lehrern zusagen und versprechen müssen, dass sich die Kinder im Unterricht ab dem Gesprächstermin „ruhig" verhalten werden.

Die Reife und das Alter der Eltern sind völlig irrelevant, fast alle Eltern, die wegen des Verhaltens ihres Kindes zum ersten Mal zum Schulleiter müssen und sich auf dem Stuhl gegenüber des Schreibtischs des Direktors setzen und auf diesen warten, haben das Gefühl, als ob sie selber die- oder derjenige sind, die oder der etwas angestellt hat. Und das Auftreten des Schulleiters begünstigt und verstärkt dieses Gefühl.

Die Eltern werden persönlich für das Fehlverhalten des Kindes verantwortlich gemacht, und sie erhalten den Auftrag, zu intervenieren und das Fehlverhalten des Kindes einzustellen. Bei einer Wiederholung von Seiten des Kindes werden die Eltern in nicht seltenen Situationen von den Lehrkräfte wie folgt getadelt: „Sie haben mir aber zugesichert oder versprochen, dass Ihr Kind den Unterricht nicht mehr stören wird…"

Die Lehrer befinden sich oft in Situationen der Hilflosigkeit wieder. Ihnen fehlt in vielerlei Hinsicht das Handlungswerkzeug. Diese Verunsicherung wird nicht nur auf die Kinder übertragen, sondern auch auf die Eltern. Oder anders gesagt, die Eltern werden in die Hilflosigkeit des Lehrpersonals einbezogen und sogar dafür verantwortlich gemacht.

Da die Eltern sich oft in ihren Kindern wieder finden, sich selbst in ihnen und ihrem Verhalten erkennen, nehmen sie problemlos die Einbeziehung der Lehrer an, und das inakzeptable Verhalten ihrer Kinder wird als ein persönliches Verhalten der Eltern erlebt.

Somit wird das, was nicht persönlich genommen werden darf, persönlich genommen, und das Problem des Kindes, wenn wir hier von einem Problem sprechen können, wird zum Problem der Eltern. Diese befinden sich in einer Verteidigungssituation wieder und werden in einer Lage versetzt, in der es ihnen fast unmöglich wird, als Bindungsperson zum Auffangen und Trösten der Kinder da zu sein.

Die persönliche Betroffenheit der Eltern zwingt diese, weiter aktiv zu werden und sie werden unbewusst handeln, um das Verhalten der Kinder zu unterbinden. Sie erhoffen sich mit der Unterbindung des auffälligen Verhaltens des Kindes, sich selbst zu rehabilitieren. Die gesamte Situation ist für die Eltern eine sehr stressige Situation, welche sie mit ihren Kindern teilen, und welche in den meisten Situationen zu einer Eskalation führt. Und jedes weitere Verhalten, jede weitere Anmerkung des Kindes wird als persönlicher Angriff auf die Eltern aufgefasst. Die Reaktionen der Eltern sind in den meisten Situationen unangemessen in ihrer Intensität und verunsichern das Kind, anstelle es zu trösten, es aufzufangen und ihm behilflich zu sein.

> Durch die Schulen werden die Eltern oft in das Erleben der Verhaltensauffälligkeiten ihrer Kinder mit einbezogen. Sie werden persönlich verantwortlich gemacht für das Verhalten der Kinder und fühlen sich im Endeffekt auch persönlich dafür verantwortlich.

3 Rahmen stecken, um geschützt Entscheidungen zu fällen

Sich zu entscheiden, die richtigen Entscheidungen zu fällen, zu ihnen zu stehen, sie begründen und verteidigen zu können ist keine angeborene Fähigkeit, sondern ein Prozess, welcher gelernt wird. Somit bedarf es hier, so wie in jeder anderen Lernerfahrung auch, die entsprechenden Eingaben und die benötigte Anleitung und Förderung.

Da eine Entscheidung nie aus dem Nichts getroffen wird, sondern immer auch das mit einbezieht, was ein Mensch durch seine gesammelte Lebenserfahrung an persönlicher Bewertungsbasis abgespeichert hat, ist es nachvollziehbar, dass sich Menschen nur für das entscheiden können, was sie kennen. Sie wählen also immer nur innerhalb einer eingeschränkten Auswahl aus. Je mehr kennengelernt und ausprobiert wird, desto größer der Entscheidungsradius. Somit wachsen Menschen in ihre Entscheidungsfähigkeit hinein und benötigen auf dem Weg dorthin Bindungspersonen, die ihnen helfen, in Sicherheit und Geborgenheit ihr Erfahrungsspektrum zu erweitern.

Leider begegnen wir zu oft Menschen, bei denen diese Fähigkeit nicht ausgeprägt ist, und fragen uns, warum es ihnen nicht gelingt, die geringsten Entscheidungen eigenständig ohne fremde Hilfe zu treffen. Wir bewerten ihr Verhalten aus dem „Heute" heraus und setzen ihr Erwachsensein als maßgeblich voraus. Dabei hat die Fähigkeit, sich zu entscheiden weniger mit einem erreichten Alter als mit der gelungenen Lebenserfahrung zu tun. Emotional angebundene Kinder lernen zu entscheiden, wenn sie auch falsche Entscheidungen treffen und dann aufgefangen werden. Die Reife des Erwachsenen, welche hier gemeint ist, bezieht sich nicht allein auf kognitive Fähigkeiten.

Wir bewerten, wie gesagt, das Handeln der Menschen im gegenwärtigen Augenblick, ohne zu bedenken, dass auch die Entscheidungsfähigkeit einem Lern- und Reifeprozess unterliegt. An diesen Prozessen ist nicht nur das rationale, sondern auch das emotionale Denken beteiligt.

Bevor eine Alternative ausgewählt wird, empfängt der Mensch einen Reiz, welcher eine Reaktion initiiert. Diese Schlüsselerlebnisse werden in den seltensten Fällen durch logische Konstrukte bewertet, sondern anhand der entstandenen Gefühle.

Intelligenz und Ausbildung spielen deshalb eher eine sekundäre Rolle, was die Entscheidungsfähigkeit eines Menschen betrifft. Richtungsweisend ist eher die Emotionalität mit der Palette an Gefühlen, welche aus ihr entspringen. Diese Gefühle befinden sich in der gesamten emotionalen Erinnerung eines Menschen. Diese Erinnerungen sind tief im Inneren verankert, im Unterbewusstsein. Sie sind keineswegs vergessen oder inaktiv, ganz in Gegenteil, es ist das Unterbewusstsein, das das Handeln eines Menschen lenkt. Es agiert auf der Basis der Lebenserfahrung, filtert diese und sorgt so für Handlungen, welche zu dem Menschen passen, welche ihm eigen sind.

Auch wenn wir denken, dass wir frei entscheiden, so entspricht dieses nur bedingt der Realität. Die freie Entscheidung entspringt immer der im Inneren verankerten und durch das Unbewusste agierenden Lebenserfahrung.

Die Schwierigkeit, Entscheidungen zu treffen, liegt ferner nicht nur in einer Fähigkeit, sich bewusst zu machen, was man haben will, auszusondern, zu vergleichen und kurz-mittel- oder langfristig das Beste auszuwählen, sondern in dem Fakt, alles andere, so gut es auch sei, nicht auszuwählen. Mit anderen Worten, entscheiden sich Menschen nicht wirklich für etwas, sondern eher gegen alles andere. Die Ablehnung ist es, welche auf der emotionalen Ebene verarbeitet werden muss. Hierfür wird eine besondere emotionale Reife benötigt.

Menschen entscheiden sich also nicht nur für etwas, sondern gegen alles andere. Die diversen und unzähligen Alternativen abzulehnen, ist mit eines der schwierigsten Aufgaben während jedes Entscheidungsprozesses. Das ist der Prozess, in dem Traurigkeit und Frust aufgebaut und aufgestaut werden können.

> **Entscheidungen zu treffen ist ein emotionaler Prozess, welcher auf die verinnerlichte Lebenserfahrung basiert.**

Sich entscheiden zu können ist also ein langer Lernprozess, in welchem auch der Umgang mit Traurigkeit und Frust trainiert wird. Um diese Entscheidungsfähigkeit als Erwachsener zu beherrschen, muss man als Kind in diesem Prozess erst hinein wachsen.

Die Treppe wird stufenweise erklommen, langsam und behutsam. Und mit dem Halt der Bindungsperson als Sicherheit gebenden „Handlauf", um bei dem Beispiel der Treppe zu bleiben, gelingt es den Kindern zu lernen, sich gegen alles andere, was sie gerne hätten, zu entscheiden.

Einer der größten pädagogischen Irrtümer des letzten Jahrhunderts bestand darin, dass viele Eltern und ebenso viele Fachleute glaubten, Kinder wüssten, was sie wollen und könnten sich ohne Unterstützung für das „Richtige" entscheiden. Somit haben sie ihre eigenen Wünsche und Bedürfnisse auf sie projiziert. Sie wollen immer die absolute Wahl haben und tendierten dazu, den Kindern ebenfalls immer die Wahl zu lassen. Sie wollten sie zur Selbstständigkeit und zur Selbstbestimmtheit erziehen, mehr noch, sie sind davon ausgegangen, dass Kinder wissen, was sie wollen, und reduzierten ihr Verhalten damit auf seine rationale Komponente, ohne dabei zu verstehen oder zu beachten, wie Wollen und Entscheiden funktionieren. Alle glaubten, dass sie durch ihr Einwirken, an der Entfaltung ihrer Persönlichkeit gehindert werden, als ob sie ihre Persönlichkeit bereits in sich haben, diese schon nach der Geburt bereits ausgereift ist.

Dem ist definitiv nicht so, weil wenn dem so wäre, würden Lernen und Veränderungen nicht möglich sein. So wie Kinder in allem anderen hineinwachsen, so wachsen sie auch in ihre Entscheidungsfähigkeit während ihrer emotionalen Entwickelung hinein.

Damit Entscheidungen gefällt werden können, bedarf es der erwähnten persönlichen Bewertungsbasis. Auf Grund dieser können Entscheidungen getroffen werden. Sie basiert auf die Erfahrungen, die Menschen in ihrem Leben gesammelt und gemacht haben, und ist den Menschen in den meisten Situationen nicht bewusst. Wie in mehreren Experimenten in der Gehirnforschung nachgewiesen wurde, steuert alles was ein Mensch in seinem Leben gelernt und erfahren hat, und was im Unbewussten verankert ist, seine Entscheidungsfreude.

Menschen entscheiden sich für etwas, das ihnen bekannt ist und gegen etwas, womit sie schlechte Erfahrungen gemacht haben oder womit sie eine negative Erinnerung oder einen negativen Affekt, also ein negatives Gefühl, verbinden.

Oft entscheiden sich Menschen aber auch gegen etwas, weil es ihnen unbekannt ist. Das Unwissen um des Unbekannten birgt eine Unsicherheit mit sich und veranlasst die Menschen, auf Abstand zu gehen und es abzulehnen. Der Volksmund beschreibt dieses mit den Worten: „Was der Bauer nicht kennt, frisst er nicht." Was so viel bedeutet wie, ein Mensch ist etwas Neuem gegenüber nicht aufgeschlossen, oder es wird sich dagegen entschieden, ohne dass es hierfür einen rationalen Grund gibt. Die Entscheidung wird aufgrund der Emotionalität gefällt.

So ist es auch nachvollziehbar, dass je mehr ein Mensch erlebt und erfahren hat, desto größer wird seine Bewertungsbasis und desto einfacher die Entscheidungsfindung. Das Alter allein ist nicht ausschlaggebend dafür, dass Menschen auf ihr Erlebtes und ihr Erfahrenes zurückgreifen können.

Ein weiterer wichtiger Aspekt stellt die Aufmerksamkeit dar. Die volle Aufmerksamkeit kann nur auf das Erleben und Erfahren gerichtet werden, wenn sie nicht durch die Suche nach Halt und Sicherheit abgelenkt wird. Um die Erfahrungen der Eltern uneingeschränkt übernehmen zu können, bedarf es einer Bindungssicherheit.

Übertragen wir das oben allgemein Geschilderte auf kleine Kinder, so können wir behaupten, dass je jünger die Kinder sind, desto kleiner ist ihre Bewertungsbasis, da sie in den meisten Lebensbereichen relativ unerfahren sind. Ihre Erlebnisse stehen ihnen in ihrem emotionalen Erinnerungsspeicher zur Verfügung und können ihnen bei Entscheidungen helfen, welche sich in einem kleinen Rahmen befinden, und zwar in einem Rahmen, welcher dem Erinnerungsspeicher entspricht.

Das Fehlen der Bewertungsbasis oder der Fakt, dass diese noch nicht ausgeprägt ist, steht den Kindern nicht helfend zur Seite, um eigenständige Entscheidungen allen Lebensbereichen betreffend zu fällen. Aufgrund der geringen Kenntnisse und noch geringen Erfahrung können die Kinder, wenn überhaupt, nur zwischen den Dingen entscheiden, die sie kennen, und hier besteht die Schwierigkeit, etwas Geliebtes oder Gewolltes aufgrund etwas anderen abzulehnen.

Da uns ferner die Erkenntnistheorie und die Hirnfunktionsprozesse beweisen, dass Menschen nur das erkennen können, was sie kennen, ist es auch unmöglich, sich für oder gegen etwas zu entscheiden, was unbekannt ist.

Somit sind Menschen im Allgemeinen, aber vor allem Kinder im Besonderen auch nur in der Lage, zwischen Handlungsprozessen zu entscheiden, welche ihnen bekannt sind. Die Vorstellungskraft, sich für etwas Unbekanntes zu entscheiden, reicht bei Kindern kaum aus.

Daher ist es im Kleinkindalter kaum möglich, ungeschützt Entscheidungen zu fällen. Auf der einen Seite tritt eine Überforderung aufgrund des Unbekannten ein, auf der anderen Seite durch die Schwierigkeit, bei einer Festlegung den Rest abzulehnen oder nicht in Anspruch zu nehmen.

Wir sind heute in einer sogenannten postantiautoritären Zeit. Das bedeutet so viel, wie die Zeit nach der antiautoritär ausgerichteten Pädagogik, hier in Deutschland auch bekannt als die „laisser faire" Ausrichtung, in der die non-direktive Haltung in einem „Lass-mal-Machen" mutiert ist.

Die Ausrichtung der freien Pädagogik entstand zu einem großen Teil reaktiv. Die unendlichen Vorgaben, die stringenten Regeln und die Bevormundung führten zu einer Ablehnung der Autoritäten. Der Fakt, dass das Wort und jeder Widerspruch verboten wurden, sorgte dafür, dass der Wunsch, sich zu befreien, den Erziehungswunsch dominierte.

Es war eine Zeit, in der Kindern verboten wurde, eigene Entscheidungen zu treffen. Dieses führte zu einer Entmündigung, welche sich weit über das Kleinkindalter hinaus und durch das gesamte Leben zog.

Der aufgeladene und angestaute Frust sorgte für die Entstehung einer Revolte: die Ablehnung und Aufhebung der Erwachsenenautorität. Und der Selbstbestimmungswunsch wurde auf die Kinder, sogar die Kleinkinder projiziert, und es wurde ihnen unterstellt, dass sie in der Lage wären, selbstbestimmt zurecht zu kommen, solange sie nicht von der elterlichen „Autorität" verdorben würden.

So ist es auch nachvollziehbar, dass die Pädagogen ein Extrem hinter sich gelassen haben, um in einem entgegengesetzten Extrem zu verweilen.

Die Gedanken mit dem Halt und der Sicherheit der Bindungspersonen wurde zugunsten der Freiheit der Kinder ad Acta gelegt. Es wurde unterstellt, dass Kinder von klein an wissen, was gut für sie ist, was sie wollen und was sie brauchen, als ob ihr Gehirn bereits nach der Geburt seine volle Reife erlangt hätte, die Verschaltungsmuster etabliert wären und nur durch die Intervention der Erwachsenen verdorben würden. Die Erfahrung hat aber gezeigt, dass dem nicht so ist. Auf ein Extrem sollte nicht mit dem diametrisch entgegengesetzten Extrem reagiert werden.

Da der rechte Weg immer der Mittelweg zwischen den beiden Extremen ist, bedarf es in der heutigen Zeit einer neuen Ausrichtung. Weder die stringent autoritären Vorgaben noch die antiautoritär rahmenlose Haltung bieten den Kindern, was zu einer Entwicklung der Entscheidungsfähigkeit notwendig ist.

Um den Kindern beim Erlernen der Entscheidungsfindung behilflich zu sein, benötigen diese Bezugspersonen, denen sie vertrauen und welche anfangs für sie entscheiden. Im Laufe der Zeit übernehmen die Kinder die Handlungen der Bindungspersonen. Durch den erlangten Erfolg und die erreichte Bedürfnisbefriedigung werden die Modelle der Bezugspersonen übernommen und die oben erwähnte Bewertungsbasis entwickelt sich nach und nach.

Hier spielt die Identifikation mit den Eltern eine wichtige Rolle. Dank der Spiegelneurone bilden sich neuronale Verschaltungen in den Gehirnen der Kinder, welche die Verhaltensweisen der Eltern abbilden (Spiegelneurone sind Hirnnervenzellen, welche beim Beobachten einer Handlung die gleichen Potenziale in Gang setzen, als ob diese Handlung aktiv ausgeführt und nicht nur passiv betrachtet wird). Durch diesen Prozess übernehmen Kinder die Erfahrungen ihrer Eltern und fangen an, ihre persönliche Bewertungsbasis aufzubauen. Wenn Ihre Handlungen zu positiven Ergebnissen führen und sie dadurch Leid lindern oder ein Bedürfnis befriedigen, werden neuronale Verschaltungen aufgebaut, die sich verfestigen und zu etablierten Schemen werden. So wird der Grundstein der persönlichen Bewertungsbasis gelegt. Die praktische Lebenserfahrung sorgt für die Erweiterung und die Verfestigung der Bewertungsbasis. So wird durch die Unterstützung und Begleitung der Bindungspersonen die Bildung der persönlichen Meinungen in die Wege geleitet.

Zusätzlich zur Bewertungsbasis bedarf es einer emotionalen Reife.

Die unterschiedlichen Entwicklungsphasen der Kinder steuern ihr Verlangen und somit auch ihre Entscheidungen.

Je jünger die Kinder sind, desto kleiner die persönliche Bewertungsbasis, also geringe Wahlmöglichkeit und desto wichtiger die direkte Bedürfnisbefriedigung, und dementsprechend wird die Entscheidung hiervon gesteuert.

Aufgrund der geringen Bewertungsbasis spielen Sachargumente eine eher geringe Rolle. Die direkte Bedürfnisbefriedigung und der Lustgewinn steuern die Entscheidungen. Sie sind besonders schwierig, vor allem aus dem Blickwinkel, dass sich die Kinder gegen vieles von dem entscheiden müssen, was sie gerne mögen oder gerne hätten.

> **Das Vorleben von Entscheidungsfindungen und der Aufbau einer eigenen Bewertungsbasis, aufgrund derer Entscheidungen getroffen werden können, sind elementar, um Kindern zu helfen, Entscheidungen treffen zu können.**

An folgendem Beispiel wird deutlich, inwiefern die Unterstützung der Rahmen und Halt bietenden Bezugsperson nötig ist.

Freddy ist vier Jahre alt. Er ist ein aufgeweckter Junge und wird von seinen Eltern gefördert, seine Selbstständigkeit zu entwickeln.
Freddy hat Hunger und möchte, dass seine Mutter ihm etwas zu essen macht. Diese bittet ihn, sich etwas aus dem Kühlschrank auszusuchen, damit sie ihm beim Zubereiten der Mahlzeit behilflich sein kann.
Freddy gehorcht und geht zum Kühlschrank, öffnet diesen und steht eine ganze Weile regungslos davor. Nach etwa zehn Minuten kommt seine Mutter in die Küche und tadelt ihren Sohn:
„Warum ist der Kühlschrank nun seit zehn Minuten offen? Weißt du, wie viel Strom vergeudet wird, wenn der Kühlschrank umsonst offen ist? Die ganze Kälte geht verloren. Du hättest dich doch schon längst entscheiden können. Worauf wartest du noch? Nimm dir endlich aus dem Kühlschrank, was du essen möchtest!"

Abgesehen davon, dass es dem vierjährigen Freddy unmöglich ist, den Energieverbrauch zu begreifen, hat Freddy überhaupt nicht mitbekommen, dass er den Kühlschrank über einen längeren Zeitraum offen gelassen hat. Den Energieverbrauch zu bewerten ist eine hochkomplizierte Angelegenheit, die den Horizont eines vier jährigen Kindes übersteigt.

Und da das Kind angestrengt überlegte und abwog, verspürte er nicht, wie die Zeit verflog. Alles, was er versucht hat, war einen Gehorsam zu erweisen, und doch wird er dafür getadelt, dass er die Eingabe seiner Mutter erfüllen wollte.

Was ist hier aber geschehen? Die Mutter gab ihrem Sohn einen Auftrag, den er nicht erfüllen konnte. Auf der einen Seite übersteigt die Menge der Essenssachen im Kühlschrank das Vorstellungsvermögen entsprechend der gering ausgereiften Bewertungsbasis des vierjährigen Jungen.

Auf der anderen Seite, und diese ist weit interessanter,was seine Unfähigkeit zur Entscheidungsfindung angeht, erkennt der kleine Junge mehrere Sachen, die er gerne isst, und muss sie alle im Kühlschrank lassen.

Er kann sich nicht entscheiden, was er davon im Kühlschrank lassen soll. Er schafft es nicht, sich gegen fast alles, was im Kühlschrank ist und was er auch gerne isst, zu entscheiden. Somit hat er eine große Not darin, sich auf eines festzulegen.

Seine Mutter ist ihm in diesem Augenblick keine Hilfe. Anstelle ihm als Sicherheit und Halt gebende Bindungsperson zur Verfügung zu stehen, ist sie die Tadelnde. Sie unterstützt ihn nicht und gibt ihm keine Anleitung, sondern erwartet von ihm eine Leistung, der er nicht gewachsen ist. Die Mutter geht davon aus, dass Freddy ja seinen Willen hat und weiß, was er will und sich deshalb ebenso schnell für etwas aus dem Kühlschrank entscheiden kann, wie sie es selber kann. Sie überträgt ihr eigenes Verhalten auf ihr Kind, ohne seine emotionale Entwicklungsreife in Betracht zu ziehen oder ihr gerecht zu werden.

Ebenfalls bietet sie ihm keine Unterstützung zur Entscheidungsfindung an. Damit, langfristig gesehen, Freddy lernt, sich zu entscheiden, bedarf es eines Lernprozesses, welcher von den Eltern initiiert und gefördert wird.

Bevor ein Kind lernt, sich für eine Sache von vielen zu entscheiden, muss es erst einmal lernen, sich für eine Sache von wenigen zu entscheiden, also im kleinen Rahmen lernen, Entscheidungen zu fällen. Er muss lernen, in einem kleinen Rahmen auf etwas zu verzichten. Somit wird er auch lernen, dosiert mit Frust umzugehen, weil jeder Verzicht auf etwas Geliebtes auch Frust auslöst.

Hier hat der Junge nicht nur keine Entscheidung treffen können, sondern dieses auch nicht gelernt. Ihm wurde auch, anstelle ihm eine Lernmöglichkeit an die Hand zu geben, die Mitteilung übermittelt, dass er es nicht kann. Ebenfalls muss er alleine, ohne die Hilfe seiner Bindungsperson, mit dem Frust zurechtkommen, dass er die Mutter in ihren Erwartungen enttäuscht hat.

Es besteht ebenfalls die Gefahr, dass der Junge ein negatives Selbstbild erlangt und zu der Überzeugung gelangen wird, dass er es seiner Mutter nie recht machen kann, und dass seine Handlungen von ihr stets negativ bewertet werden, was zu einer Verunsicherung führt, welche seine Entscheidungsfähigkeit umso mehr hemmt.

► *Alternativen*

... In unserem Beispiel wäre es für Freddy hilfreich gewesen, wenn seine Mutter ihm die Entscheidung vereinfachen würde und ihm zwei oder drei Teile aus dem Kühlschrank herausgeholt und zur Auswahl

da hingelegt hätte. Damit hätte sie ihm eine Entscheidungshilfe ge-
geben, eventuell auch daran erinnert, was er am gestrigen Tag oder
am Morgen gegessen hat. Sie hätte ihn ermutigt und ihm in seinem
Lernprozess zur Seite gestanden.

Eine Art, mit kindlichen Entscheidungen umzugehen, sie zu
fördern und beim Erlernen dieser unterstützend zu agieren,
kann in folgendem Beispiel nachvollzogen werden.

Der kleine Fabian steht mit seinem Vater an der Kasse. Dieser hatte
mehrere Teile eingekauft und bezahlt, schiebt seinem Sohn zwei Teile
hin und fragt ihn:
„Welches dieser beiden Teile möchtest du tragen, die Milch oder den
Apfelsaft?"
„Die Milch."
Der Vater gibt dem Jungen die Tüte Milch und sie verlassen gemein-
sam zufrieden den Laden.

Die Auswahl, die dieser Junge machen musste, beschränkte sich auf zwei Teile. Die Schwierigkeit dieses Jungen, sich
zu entscheiden oder sich gegen etwas zu entscheiden wurde
verkleinert und beschränkte sich auf ein Teil.

Ferner sind solche Entscheidungsübungen optimal für kleine Kinder, nicht nur weil sie eine enge Auswahl haben, sondern weil die Gegenstände, zwischen denen sie sich entscheiden müssen, nicht die direkte Bedürfnisbefriedigung betreffen,
und somit haben die Kinder weniger Probleme, sich gegen einen Artikel zu entscheiden. Durch den Stolz des Vaters, entwickelt sich ein Schema im kindlichen Gehirn und sorgt somit

für die Erweiterung seiner Bewertungsbasis. So entwickelt sich schrittweise die Entscheidungsfähigkeit des Kindes.

> **Bevor im großen Rahmen entschieden werden kann, bedarf es der Entscheidungsfindung im kleinen Rahmen.**

Vor seinem vierten Geburtstag fuhren Manuels Eltern mit ihrem geliebten Sohn in ein großes Spielwarengeschäft. Sie gaben ihrem Sohn den Auftrag, sich die Spielsachen genau anzuschauen, und danach seinen Eltern einen Wunschzettel zu diktieren.

Überwältigt von der Masse und Menge an Spielsachen, erlag der kleine Junge relativ schnell einer Reizüberflutung und wusste nicht, wohin mit sich und verdrängte den an ihm gestellten Auftrag. Als seine Eltern ihn dann daran erinnerten, lief er an den Regalen entlang und tippte auf alle Spielsachen und sagte:

„Das und das und das …"

„Ne, das alles kannst du nicht haben."

„Doch, das will ich alles!", war die Antwort des Jungen, welcher sich abwendete und mit einem Teil zu spielen anfing.

Der Junge in diesem Beispiel hat sein Dilemma schnell gelöst, in dem er sich für alles entschieden hat.

Ähnlich erging es auch der siebenjährigen Nadine, die viel Geld gespart hatte und dann in diesem überfüllten Spielwarengeschäft ihr Erspartes endlich umsetzen wollte. Sie war von der Fülle des Spielzeugs überwältigt, dass sie anfing zu weinen und sich von ihren Eltern nicht mehr hat trösten können, vor allem, weil diese den Grund für ihre scheinbar unbegründete Traurigkeit nicht verstanden.

► *Alternativen*

In beiden Situationen empfiehlt es sich, mit einem Prospekt oder einem Teil eines Prospektes anzufangen und den Kindern somit die Auswahl zu reduzieren.

Analog zu den Lebensmitteln im Kühlschrank, wirkt es für die Kinder erleichternd, wenn sie sich zwischen einer geringen Menge entscheiden müssen. Das Lustprinzip und der Wunsch, die unglaubliche Menge der Spielsachen zu besitzen, stehen ihnen hier in der Entscheidungsfindung im Weg. Es ist quasi unmöglich, das viele Schöne nicht auszuwählen. Bei einer geringeren Auswahl und durch Ratschläge der Bindungspersonen kann es Kindern gelingen, sich zu entscheiden.

Der erzielte Entscheidungserfolg und die Unterstützung durch die Bindungspersonen ermutigen die Kinder in weiteren Entscheidungssituationen, nicht hilflos und überfordert dazustehen.

Die Fähigkeit, die sich hier entwickelt, stellt einen Reifeprozess auf der emotionalen Ebene dar.

Parallel hierzu erweitert sich das Erfahrungsspektrum der Kinder und damit auch ihre Bewertungsbasis. So lernen sie schrittweise, sich zu entscheiden.

> **Der Entscheidungserfolg ermutigt die Kinder, weitere Entscheidungen zu fällen, und mit ihrer fortschreitenden Erfahrung wächst auch ihre Bewertungsbasis.**

4 Das Verhalten, nicht den Verhaltenden kritisieren

Ein weiterer wichtiger Aspekt im Umgang mit den Kindern betrifft die Kritik, das Tadeln oder das Schimpfen, das ausgeübt wird.

Erwachsene im Allgemeinen und Eltern im Speziellen sollten sich in erster Linie Klarheit darüber verschaffen, worum es ihnen bei ihrem „Meckern" geht. Wollen sie mit der Kritik etwas verändern? Wollen sie, dass das Kind etwas lernt? Wollen sie sich nur abreagieren? Oder wollen sie, dass das Kind schweigend gehorcht, obwohl sie ihm eigentlich eine Entscheidungsfreiheit (die, wie wir bereits gesehen haben, häufig überfordert) einräumen?

Wenn die Erwachsenen sich über das Verhalten eines Kindes ärgern, entsteht in ihnen ein Gefühlswust, den sie in den seltensten Fällen verstehen, begreifen und erst recht nicht verarbeiten können. Auch wenn Eltern sich dieser Tatsache nicht bewusst sind und sie sich nicht eingestehen wollen, kann diese Überforderung sie zur Verzweiflung führen. Aus diesem Grund reagieren sie nicht reflektiert, sondern aus dem Affekt heraus, analog zu den Reaktionen der Kinder.

Eltern hegen immer den Wunsch, ihre Kinder zur Selbstständigkeit zu erziehen und zum eigenverantwortlichen Handeln zu überführen, trotzdem ärgern sie sich, auf der einen Seite, dass das Kind sich widersetzt hat. Dieses rührt aus der tiefen Überzeugung heraus, dass es die Eltern sind, und so fühlen sie sich eigentlich immer, die wissen, worum es geht, und die nur „das Beste" für das Kind wollen.

Auf der anderen Seite ärgern sich die Eltern womöglich auch, weil sie entweder sich selber oder die Partnerin/ den Partner im Kind wiedererkennen, und dieses meistens in Situationen, welche als nicht angenehm erlebt werden. Eltern erleben sich durch das Verhalten des Kindes auf sich selbst und die Seiten, die sie an sich nicht mögen, hingewiesen und aufmerksam gemacht. So könnte die Ablehnung des Verhaltens des Kindes in manchen Situationen gar nichts mit dem Kind zu tun haben. Diese rationale Betrachtung der Situation ändert nichts an der aufkommenden Emotionalität und den Gefühlswust, der nicht ohne weiteres verarbeitet wird. So fühlen sich Eltern überfordert und haben Angst. Diese Angst wandeln sie in Wut um, da es einfacher ist, die Wut zu verarbeiten, als sich die Angst einzugestehen und sie zu bewältigen. Diese Wut wird verlagert und auf die vermeintliche Ursache projiziert. Daraus resultiert, dass Eltern häufig mehr als nur rationale Kritik äußern. Sie schimpfen und schreien. Diese geballte Kritik richtet sich dann auf das Kind, selten auf sein Verhalten. Es besteht die große Gefahr, dass die Sachebene verlassen und nur noch die subjektive Gefühlsebene angesprochen wird. Um sich zu schützen, fahren die Kinder in der Regel einen Schutzwall hoch und schotten sich von den Angriffen ab. So kommt es, dass die inhaltlichen Ausführungen der Eltern die Kinder in den seltensten Fällen erreichen. Sie werden aber auf der Metaebene berührt. Sie erhalten die Botschaft: „Du bist nicht okay", davor können sie sich nicht schützen.

> Das unerwünschte Verhalten der Kinder überfordert oft die Eltern, bereitet ihnen damit Angst, welche sich in Kritik an dem Kind entlädt. Diese Kritik richtet sich meist gegen das Kind und nicht gegen sein Verhalten, was von ihm als Entwertung aufgenommen wird.

Die Nachricht, die den Kindern mitgegeben wird, kommt auch hier wieder nicht auf der rationalen Ebene an, sondern auf der emotionalen. Sie verstehen nicht, worum es geht, sie werden somit auch nicht in die Lage versetzt, Änderungen in ihrem Verhalten zu initiieren. Es wird ihnen nur eine Botschaft auf der Metaebene mitgegeben, die ihnen nicht hilft. Sie verstehen das meiste von dem Inhaltlichen, das ihnen mitgegeben wird, nicht. Sie erleben aber die Aussage, dass sie nicht in Ordnung sind. Dieses führt dazu, dass die Kinder an sich zweifeln und aufgrund ihres Existenzbedürfnisses Trotzreaktionen entwickeln und das unerwünschte Verhalten wiederholen und es somit verstärken.

Im alltäglichen Umgang miteinander, im Sprachgebrauch unterscheiden Menschen kaum den Handelnden von seiner Handlung. Die Devise lautet: „Wer böse Sachen macht ist auch böse". So gehen die Erwachsenen auch auf ihre Kinder zu und wandeln sie um in ein Teil ihrer Handlung. Sie setzen sie mit ihren Handlungen gleich.

Im Wartezimmer beim Arzt sitzt der kleine Dominik und spielt mit den Bausteinen. Die ungefähr gleichaltrige Celine setzt sich zu ihm lächelt ihn an und nimmt die Steine, mit denen sie spielen möchte.

Sie unterbricht Dominiks Spielverhalten, schenkte ihm dafür aber im Vorfeld ein Lächeln und kommunizierte so mit ihm. Dominik ist nicht mit der Interaktion zufrieden, greift nach den Bausteinen und nimmt sie ihr wieder weg. Celine schlägt nach ihm und fängt an zu weinen. Augenblicklich springt ihre Mutter auf, nimmt das Mädchen in den Arm und fragt:

„Was ist passiert? Was hat der Junge dir getan?"

„Lego weggenommen!"

„Sei nicht traurig, der ist halt so, komm, ich helfe dir!"

Sagt die Mutter zu ihrer Tochter, setzt sich zu ihr und nimmt dem Jungen ebenfalls ein paar Bausteine weg, gibt sie ihrer Tochter und sagt zu diesem:

„Du bist doch ein ganz Lieber, deshalb lässt du die Celi auch mitspielen."

„Natürlich ist er lieb!", hört man Dominiks Mutter sagen, „deshalb wirst du jetzt mit dem Mädchen zusammen spielen!", sagt diese weiter an ihren Sohn gerichtet.

Celis Mutter dreht sich von Dominik weg und passt auf, dass ihre Tochter weiterspielen darf.

Das Mädchen war traurig, dass Dominik sie nicht hat mitspielen lassen. Sie fängt an zu weinen und holt sich damit die Hilfe, die sie benötigt, um ihr inneres Gleichgewicht wieder herzustellen. Die sichtbar einfühlsame Mutter eilt zu ihrer Tochter und regelt den Konflikt für sie. Der Junge erhält hier von der Frau die Botschaft, dass er kein lieber Junge ist, weil er dem Mädchen etwas weggenommen hat. Auch wenn hier Celis Mutter sagt, dass er lieb sei, so hat sie dieses doch mit einer Bedingung geknüpft. Daraus folgt, dass ein zuwider Handeln zum Schluss führt, dass der Junge nicht lieb ist.

Es wurde nicht auf die Handlung eingegangen, sondern sofort kategorisiert. Dass der Junge sich eigentlich im Recht befunden hat, und nur die Bausteine, mit denen er gespielt hat, zurückholte, scheint irrelevant zu sein. Der Mensch wurde in „lieb" und „böse" unterschieden, ohne sein Verhalten in einem Kontext zu setzen, ohne es zu verstehen. Celis Mutter gab dem Dominik diese Botschaft, welche von seiner Mutter nochmal bestätigt wurde. Dieses ist das Tragische, weil Dominiks Mutter ihrem Sohn nicht als Halt und Sicherheit gebende Bindungsperson zur Verfügung stand und die Botschaft von Celis Mutter bestätigte. Celi erhielt ebenfalls die gleiche Botschaft, und zwar die Gleichsetzung der Handlung mit dem Handelnden.

In der Aufforderung, lieb zu sein, finden wir die Anschuldigung, dass er nicht „lieb" ist. Zwischen dem Sein des Jungen und seinem Handeln wird nicht unterschieden. Mehr noch, das Sein des Jungen wird auf eine Handlung reduziert. So ist nicht weit hergeholt, wenn der Junge glaubt, dass er nur ein lieber Junge sein kann, wenn er dem Mädchen die Spielsachen gibt. Um diese Unterscheidung zu untermalen, sollten die Eltern sich angewöhnen, hier eine andere Wortwahl zu finden.

▶ *Alternativen*

… Augenblicklich springt ihre Mutter auf, nimmt das Mädchen in den Arm und fragt:

„Was ist passiert? Was hat der Junge dir getan?"

„Lego weggenommen!"

„Sei nicht traurig, komm, ich helfe dir."
Die Mutter wendet sich an den Jungen und fragt ihn, ob er ihre Toch-
ter mitspielen lässt. Dominiks Mutter mischt sich ein und sagt:
„Das ist eine gute Idee, jetzt musst du nicht mehr alleine spielen!"

Till und Leo haben sich wieder gestritten. Wie es bei elf- und sieben-
jährigen Geschwistern üblich ist, endet der Streit damit, dass der älte-
re Till seinen jüngeren Bruder geschlagen hat und dieser brüllend auf
dem Boden liegt. Die genervte Mutter stürzt schreiend ins Zimmer:
„Till, du bist echt blöd, immer musst du deinen kleinen Bruder schla-
gen!"
„Er hat aber angefangen!"
„Was hat er denn gemacht?"
„Guck, er hat mir diese Karte verknickt!"
„Warum machst du so etwas, Leo?"
„Weil er mich damit geärgert hat."
„Du bist ja genauso blöd wie er!"
„Bin ich gar nicht, er muss immer hauen, er ist viel blöder."

Dass Geschwister mit einem solchen Altersunterschied sich
streiten, gehört zum Alltag und wird als ganz normales Verhalten betrachtet und soll hier weder thematisiert noch behandelt werden. Dass die Mutter schlichtend einschreitet,
steht außer Frage. Mein Einwand in solchen Situationen
ist nur, dass die Kinder hier die Botschaft erhalten, dass sie
einen Defekt haben, „blöd sind" und nicht eine Handlung
nicht adäquat durchgeführt haben.

In einer leistungsorientierten Gesellschaft, in der Menschen sich über ihre Handlungen identifizieren, sich darüber

definieren und ihre Existenzberechtigung über ihre Leistungen erlangen, ist es natürlich schwierig, den Handelnden von seiner Handlung zu unterscheiden.

Wenn der Wunsch besteht, die Entwicklung der Persönlichkeit der Kinder zu fördern, ist es nicht möglich, das Ziel zu erreichen, ohne den Kindern darzulegen, dass sie „mehr" sind als nur ihre Taten. So gelingt es vor allem in Situationen, in denen negative Handlungen durchgeführt werden, Veränderungsvorschläge zu machen, ohne dabei destruktiv zu wirken.

Vor allem aber, dass sie, was auch immer sie machen, liebevolle Menschen sind, und Eltern haben, die sich darüber freuen, dass sie da sind.

▶ *Alternativen*

So könnte im vergangenen Beispiel die Mutter sagen, dass es nicht in Ordnung sei, dass Till, der ein lieber und klasse Junge ist, seinen Bruder geschlagen habe, und dass der Leo, welcher auch ein liebevoller Junge ist, seinem Bruder eine Karte verknickt habe. Ferner könnte hier Till und Leo gezeigt werden, dass ihre Handlungen daraus resultieren, dass sie sich nicht anders zu helfen wussten, und sie auf alternative Handlungsschemata hinweisen.

Dadurch wird nochmal konsequent zwischen der Handlung und dem Handelnden unterschieden.

5 Verantwortung portionieren

Verantwortung muss gelernt sein. Mit Verantwortung verstehen wir die Zuschreibung einer Aufgabe oder einer Pflicht, auch oft mit einer Entscheidung verbunden, eines Menschen zu einem anderen. Nicht alle Menschen sind in der Lage, die Verantwortungen, die ihnen übergeben werden, zu tragen. Um dieses zu können, bedarf es eines Lern- und eines Reifeprozesses. Kleine Kinder können es noch nicht, sie haben weder die Reife der Erwachsenen noch ihre Lernerfahrung. Um es zu können, müssen sie in diese Aufgabe hineinwachsen, sie von Kindes Beinen an lernen. Und als erwachsener Mensch ist es quasi unmöglich, Verantwortung zu tragen, wenn dieses nicht in jungen Jahren erfolgreich geübt wurde.

Um Kindern die Fähigkeit mitzugeben, Verantwortung zu tragen, sollten sie von klein an darin unterstützt werden und schrittweise an die Verantwortungsübernahme herangeführt werden.

In den meisten Situationen übernehmen die Eltern jede Verantwortung, sorgen dafür, dass alles für die Kinder gemacht wird und stehen stets helfend zur Seite. Im Säuglingsalter verspüren die Kinder eine körperliche Verstimmung, können aber noch nicht lokalisieren, was ihr Unwohlsein verursacht. Dieses lernen sie durch die Interaktion mit ihren Bindungspersonen. Sie geben eine Äußerung von sich, sie teilen ihr Unwohlsein mit. Die fürsorglichen und liebenden Eltern reagieren darauf und verschaffen dem Säugling eine Linderung. So lernt das Kind, dass es nicht hilflos einer fühllosen Welt ausgeliefert ist, sondern dass es durch eigene Intervention etwas bewirken kann. Es lernt, eine kleine Verantwortung zu tragen. Dieses Verhalten, diese Handlung des Kindes wird im Laufe der Jahre verstärkt, und es lernt, die eigene Verantwortung für sein persönliches Wohlbefinden zu übernehmen. Hierauf baut jede weitere Verantwortung auf.

> Wenn die Säuglinge nach einer Bedürfnisäußerung direkte Zuwendung von der feinfühligen Bindungsperson, in der Regel Mutter oder Vater, erhalten, lernen sie, dass sie mit ihren Äußerungen etwas bewirken, dass sie in der Lage sind, sich Hilfe zu holen und auf ihre Empfindungen einzuwirken.

Schritt für Schritt, und mit zunehmendem Alter, verstärken die Eltern dieses Verhalten und geben die Verantwortung, für das eigene Wohlbefinden zu sorgen, an die Kinder weiter. So fängt ein Prozess, indem Kinder in jungen Jahren lernen, sich um sich selbst zu kümmern, mit Kleinigkeiten an.

Im Endeffekt tragen aber nach wie vor die Bindungspersonen, in der Regel die Eltern, Mutter und Vater, die Verantwortung für ihre Kinder und sorgen dafür, dass diese nicht überfordert werden.

Eltern übertragen also Verantwortung auf ihre Kinder, lassen sie damit aber nicht allein, sondern stehen ihnen als Halt und Sicherheit gebende Bezugspersonen zur Seite. Wenn dieses nicht erfolgt, kann es unter Umständen dramatische Folgen haben, wie wir z.B. bei Kindern alkoholkranker Eltern beobachtet haben.

Diese Kinder sind in frühster Kindheit auf sich alleine gestellt und bekommen mehr Verantwortung übertragen, als sie schultern können. Diese Kinder sind augenscheinlich sehr souverän, sehr selbstständig, da sie den Haushalt führen und sich um ihre Eltern kümmern. Sie weisen aber bei diversen Tests einen enorm hohen Stresspegel auf, was der Ausdruck einer unsicheren Bindungsqualität ist und die Ursache für diverse psychische und psychiatrische Störungen im Jugend- und Erwachsenenalter sein kann. Deshalb geht es in diesem Kapitel um die Wichtigkeit des Heranführens an die Verantwortungsübernahme, nicht das Überstülpen dieser auf die Kinder.

> **Die feinfühligen Eltern tragen die Verantwortung für ihre Kinder und geben diese portioniert entsprechend des Entwicklungsstandes der Kinder an diese ab.**

Alle Eltern möchten ihre Kinder gerne fördern und sie fit für alle Lebensbereiche machen, übersehen aber in manchen Situationen, dass eine zu frühe und zu hohe Verantwortungsübertragung einen seelischen Druck aufbauen kann.

In diesem Punkt ist es so wie in fast allen anderen bereits angeschnittenen Punkten: die Entwicklungsperspektive darf nicht außer Acht gelassen werden. Auf der einen Seite entwickelt sich die Fähigkeit zur Verantwortungsübernahme, wie wir bereits gesehen haben, auf der anderen Seite darf die Größe der Verantwortung nicht den emotionalen Entwicklungsstand übersteigen.

Wenn die Erwartung die Fähigkeiten übersteigt, entsteht

zu viel Druck, und dadurch wird das Kind gezwungen, zu früh eigenständig zu werden, ohne dass es seine Bindungspersonen, die Eltern, als Halt und Sicherheit gebend erlebt und fühlt sich in Folge dessen alleine gelassen.

Das Erlebnis gleicht dem der Zurückweisung. Ohne dass die Eltern ihr Kind abweisen wollen, ist es aufgrund des nicht adäquaten Umgangs abgewiesen worden. Das Paradoxe ist hier, dass das Resultat entgegengesetzt zum Wunsch und zur Intension der Eltern ist.

> **Wenn die Kinder mehr Verantwortung übertragen bekommen, als sie in der Lage sind, entsprechend ihres Entwicklungsalters, zu bewältigen, fühlen sie sich von ihren Eltern allein gelassen und sogar zurückgewiesen.**

Damit die Übernahme der Verantwortung erfolgen kann, bedarf es in erster Linie liebende Eltern, die für ihre Kinder da sind, die sich auf sie einstellen und welche die Verantwortung übernommen haben. Aus dem großen Ganzen werden kleine Elemente an die Kinder übertragen und die Verantwortung dafür in ihre Hände gelegt. Solche kleinen Elemente sind z.B.: die Verantwortung für das Zeigen des Hungergefühls, des Sättigungsgefühls.

Ein weiteres Beispiel stellt die Essenssituation eines ca. einjährigen Kindes dar. Zuerst werden die Kinder gefüttert, dann fangen sie an selber zu essen, treffen aber ihren Mund nicht direkt, weil die Auge-Hand Koordination sich noch nicht entwickeln konnte. Die Übertragung der Verantwortung liegt hier darin, den Kindern die Möglichkeit zu bieten, selber zu essen, sie zu unterstützen, eventuell auch die Hand zu führen oder zu lenken, so dass das Essen seinen Weg zum Mund findet. Wenn das Kind getadelt wird, weil es sich verschmiert oder wenn die Handlung dem Kind abgenommen wird mit dem Hinweis, dass es das noch nicht könne, wird dem Kind die Möglichkeit genommen, seine Verantwortung zu lernen.

Durch die liebevolle Unterstützung hingegen erfolgt ein Sättigungsgefühl, was hier die Bedürfnisbefriedigung darstellt. Und so lernt das Kind, dass es mitverantwortlich für das Erlangen seines Gleichgewichts ist. Es hat gelernt, die Verantwortung hierfür zu tragen.

Würden die Eltern diesen Prozess unterbinden, weil sie nicht möchten, dass das Kind sich mit dem Essen beschmutzt, wird zusätzlich zur Verantwortungsübernahme auch die Augen-Hand Koordination nicht kultiviert, und das Kind lernt nicht, solche Aufgaben selber zu meistern.

So verhält es sich auch, wenn das Kind mit laufen anfängt, so erhält es z.B. die Aufgabe, seinen Teller nach dem Essen in die Küche zu bringen. Auch auf die Gefahr hin, dass dieser herunter fällt. Damit so etwas nicht passiert oder kein intensiver Frust beim Versagen entsteht, benötigt das Kind die Unterstützung der Bindungsperson[9].

Kinder zu fördern, Aufgaben in der alltäglichen Versorgung zu übernehmen und zu meistern, ist ein wichtiger Bestandteil der kindlichen Erziehung. Hierbei geht es nicht hauptsächlich um die Entlastung der Eltern. Dass diese Ent-

---

[9] Es empfiehlt sich hier der Einsatz von Plastiktellern, welche die Kinder problemlos wegräumen können.

lastung mittelfristig eintritt, ist ein Nebenprodukt dessen. Die Hauptintension bei solchen Aktivitäten ist die Kultivierung der Verantwortungsübernahme.

Wesentlich wichtiger noch als eigene Aufgaben (im Haushalt oder im Kinderzimmer) zu übernehmen ist, meiner Meinung nach, die Förderung zur Eigenverantwortlichkeit bei elementaren Ich-Funktionen wie der Umgang mit Frust, Verlust und Versagen.

Hier stehen die liebenden beschützenden Eltern ihren Kindern leider häufig im Weg. Die Störungen, die entstehen können, beruhen nicht darauf, dass die Eltern sich nicht um ihre Kinder kümmern, sondern eher im Gegenteil: Durch ihre Liebe und ihr Mitgefühl möchten sie nicht, dass ihre Kinder den negativen Gefühlen ausgesetzt sind und schützen sie vor ihnen, halten sie von ihnen fern. Das Resultat ist, dass sich keine Handlungsschemen entwickeln, keine neuronalen Verschaltungen im Gehirn bilden, welche für den Umgang mit diesen negativen Gefühlen notwendig sind, und die Kinder lernen nicht, die Verantwortung für die eigene Gefühlslage zu übernehmen.

> **In der alltäglichen Versorgung werden die Kinder von ihren Eltern gefördert und lernen, Aufgaben zu übernehmen. Ebenso ist es wichtig, dass Eltern ihren Kindern die Verantwortung übertragen, mit Gefühlen wie „Verlust" und „Versagen" umzugehen.**

Eltern nehmen ihren Kindern zu oft die Möglichkeit zu lernen, wie mit Verlust und Versagen umzugehen ist (mit dem

Umgang mit Frust haben wir uns bereits beschäftigt). Wenn wir aber den Begriff Verantwortung im Erziehungsprozess mit Inhalt füllen wollen, kommen wir nicht umhin, uns mit diesen beiden Gefühlen „Verlust" und „Versagen" zu beschäftigen.

Eltern neigen immer dazu, ihre Kinder beschützen zu wollen. Dieses Empfinden, aus der elterlichen Liebe zu ihren Kindern geboren, kann aber dazu beitragen, dass Kinder nicht lernen, sich selbst zu beschützen, keine eigenen Mechanismen entwickeln, um den Verlust zu verarbeiten und zu akzeptieren, und kein Handlungsschema aufbauen, um das Versagen zu bewältigen und den Neustart zu wagen.

Mir geht es hier nicht elementar um den Schutz vor körperlicher Unversehrtheit, da dieses meiner Meinung nach selbstverständlich ist und keiner Erläuterung bedarf, und von mir als gegeben betrachtet wird. Mir geht es um den Schutz vor negativen Gefühlen. Wenn die Eltern diese Verantwortung stets für ihre Kinder übernehmen, verwehren sie ihnen die Chance, es zu lernen und eigene Abwehrstrategien zu entwickeln. Kinder haben das Recht, traurig zu sein, sich zu ärgern und frustriert zu sein. Sie brauchen keine Eltern, die sie davor bewahren, sondern Eltern, die ihnen helfen, damit umzugehen, sie trösten und ihnen Handlungsschritte vorschlagen.

Marcel ist sechs Jahre alt. Er ist ein lieber, schüchterner und zurückhaltender Junge. Im Kindergarten sitzt er immer in der hintersten Reihe, damit er nie aufgerufen wird. Er ist das jüngste unter vier Kindern und für seine Mutter immer der Kleine. Als seine älteren Geschwister in seinem Alter waren, hatten sie wesentlich mehr Freiheiten, Pflichten und Verantwortung, als er sie erhält. Er ist schließlich noch klein. Sobald irgendetwas nicht in Ordnung ist, ist seine Mutter präsent und hilft ihm. Seine Geschwister necken ihn regelmäßig damit, doch er weiß es, in den meisten Situationen gekonnt auszunutzen. So hat er es nie nötig, einen Konflikt einzugehen oder zu beenden: Seine Mutter ist für ihn da und regelt seine Konflikte für ihn. Eines Tages auf dem Schützenplatz klettert er mit seinem Cousin Justin über eine Absperrung. Es dauert eine Weile, bis er auf der anderen Seite ankommt. Sein drei Jahre älterer Cousin Justin belächelt ihn mit den Worten: „Wie lahm du bist! Ich hab zwei Minuten auf der Stange gesessen, bis ich auf der anderen Seite runter gegangen bin, und du kommst jetzt erst an."

Noch bevor Marcel auch nur an eine Antwort denken konnte, rief seine zehn Meter entfernte Mutter: „Ja, ist doch auch klar, du hast ja auch viel größere Beine als er."

Eine Kleinigkeit mag der eine oder andere von Ihnen jetzt sagen. Sollen sich die Eltern gar nicht mehr um ihre Kinder sorgen dürfen? Und können sie gar nichts mehr sagen? Die Mutter hat ihren Sohn doch nur verteidigt.

Und genau das ist es: Sie hat ihren Sohn verteidigt, und ihm somit die Möglichkeit genommen, sich selber zu verteidigen und die Verantwortung für die Selbstsorge zu entwickeln. Wie soll Marcel die Verantwortung für eine Auseinandersetzung mit einem Freund lernen, wenn er dieses nicht in einfachen Situationen lernen kann, vor allem in Situationen, in denen er moralischen Beistand von seiner Mutter erhalten kann, wenn er ihn benötigt? Es wäre eine Idealsituation

gewesen, in der die Mutter für ihren Sohn hätte da sein können, ohne ihn zu ersetzen.

▸ **Alternativen**

*So könnte im vergangenen Beispiel die Mutter mit einem ermutigen-
den Blick ihrem Sohn zeigen, dass sie für ihn da ist, und dass er in der
Lage ist, selber die Situation zu meistern.*

*Eine direkte und adäquate Intervention der Mutter in dieser Situation
ist nicht vorschlagbar, da das Verhalten ein Teil eines Ganzen ist und
die Mutter im Nachhinein die Situation mit ihrem Jungen reflektieren
und ihn stärken kann. Wenn der Junge erfährt, dass seine Mutter für
ihn da ist, ihm aber nicht alles abnimmt, kann er lernen, für sich selber zu sprechen.*

> **Wenn Eltern die Konflikte ihrer Kinder lösen, können
> diese nicht lernen, eigene Problemlösungsstrategien zu
> entwickeln.**

Ferner haben wir in diesem Beispiel die Vermischung zweier
Ichs. Das Ich des Kindes scheint von der Mutter als ein Teil
ihres eigenen Ichs wahrgenommen zu werden. Der Mutter ist
überhaupt nicht bewusst, dass sie anstelle ihres Sohnes antwortet. Der Angriff auf ihren Sohn wurde als ein persönlicher
wahrgenommen und entsprechend hat die Frau reagiert. In
der Psychologie betrachtet man dieses Phänomen als Symbiose. Es ist die Verschmelzung zweier Wesen, was dazu führt,
dass keines von beiden eigenständig ist. Im Extremfall (bei
einer starken Symbiose) wird das Kind daran gehindert, sein
eigenes Ich zu entwickeln und zu einem eigenständigen Men-

schen heranzuwachsen. Ansonsten werden einige Ich-Funktionen, vor allem die Frustrationstoleranz, in Mitleidenschaft gezogen und der emotionale Reifeprozess verzögert sich.

Wenn dem Jungen in diesem zarten Alter nicht die Möglichkeit gegeben wird, sein eigenes Ich zu entwickeln, wird es ihm später auch nicht mehr, ohne therapeutische Unterstützung, gelingen.

Zu oft begegnen wir im Alltag Kindern, welche dadurch auffallen, dass sie sich zu aggressiv verhalten oder regelmäßig „petzen" gehen. Manchmal treffen wir auch beides an. Beide Strategien zeigen, dass diese Kinder nie gelernt haben, sich selbstverantwortlich mit Problemlösungsstrategien zu beschäftigen. Es sind Strategien, die angewandt werden, um das eigene psychische Gleichgewicht wiederherzustellen, nachdem ein Bedürfnisversagen stattgefunden hat oder eine Konfliktsituation aufgetreten ist.

Kinder lernen durch die Übernahme der elterlichen Modelle, das heißt, sie ahmen das Verhalten ihrer Eltern nach. Diese Nachahmung ist keine Reduplikation. Die Handlungen der Kinder stellen keine exakte Kopie des elterlichen Verhaltens dar, sondern werden durch das eigene Erleben gelenkt, bestätigt, verworfen und verstärkt. Nur wenn diese eigenen Versuche nicht durch Verantwortungsübernahme der Eltern unterbunden werden, können sie zum Aufbau eigener Handlungsabläufe führen.

Der Erfolg[10] der angewandten Verhaltensweisen sorgt

---

[10] Mit Erfolg ist hier das Erreichen eines Gleichgewichtes, die Befriedigung eines Bedürfnisses gemeint und nicht, wie Erwachsene den Erfolg definieren, als erfolgreiche Handlung.

dann für den erwarteten Lerneffekt, und es gelingt den Kindern, die Verantwortung für sich selbst zu übernehmen. In Fällen, in denen dieses nicht passiert, fühlen sich die Kinder allein gelassen und sind in für sie bedrohlichen Situationen, überfordert und verspüren Angst. Diese äußert sich dann über einfache Wege, durch Umsetzung einfacher Handlungsstrategien wie „aggressives Verhalten" oder „Petzen".

> **Kinder wenden aggressives Verhalten an oder verpetzen andere Kinder, wenn ihnen kein Raum geboten worden ist, die Verantwortung für den Umgang mit belastenden Situationen portioniert zu lernen und selber zu übernehmen.**

6 Keine Drohungen

Eine in pädagogischen Prozessen häufig beobachtete Umgangsform mit nicht hörenden Kindern stellt die Drohung dar. Die Kinder weigern sich, den Gehorsam zu erweisen. Sie widersetzen sich den elterlichen Anweisungen oder ignorieren diese. Sie stellen die Worte der Eltern in Frage und versuchen, alles, was diese sagen, zu zerreden (nicht zuletzt, weil sie es, wie wir bereits gesehen haben, gelernt haben) und treiben ihre Eltern so immer wieder in den Wahnsinn. Es sind die Situationen, in denen die Hilflosigkeit siegt. Die Eltern sehen keine alternative Handlungsmöglichkeit, als mit Konsequenzen oder mit Strafen zu drohen. Häufig bleibt es aber bei den Drohungen, da die Eltern die ausgesprochenen Drohungen gar nicht umzusetzen beabsichtigen. Auch wenn die meisten Eltern sich dessen bewusst sind, so erhoffen sie sich doch immer wieder, dass die Kinder ihre Reaktionen ändern, sie wollen nur, dass die Kleinen entsprechend des Willens der Erwachsenen ihre Handlungen gestalten, ohne ihnen wirklich Negatives zuzuführen. Die Kinder hingegen lernen relativ schnell, dass den Drohungen kein konkretes Handeln folgt, was dazu führt, dass die Drohungen auf der Sachebene inhaltsleer werden. Entsprechend verhält es sich nicht auf der emotionalen Ebene. Hierzu später mehr.

Diese Androhung von Strafe oder Konsequenzen manifestiert den Ausdruck elterlicher Hilflosigkeit und darf auch nur so betrachtet und bewertet werden. Mit diesen immer häufiger eingesetzten Androhungen wird das Ausmaß dieser Hilflosigkeit für alle sichtbar, vor allem für die Kinder. Und so zeigen die hilflosen Eltern ihren Kindern, dass sie keine Selbstsicherheit ausstrahlen können (da sie diese im entsprechenden Augenblick auch nicht haben). Das Fatale an diesem elterlichen Auftreten besteht darin, dass sie den Kindern nicht als haltgebende Bindungspersonen zur Verfügung stehen können, wie sollten sie es auch, wenn sie die eigene Unsicherheit dermaßen stark zur Schau stellen?

Vor Jahren kursierte der Begriff der partnerschaftlichen Erziehung, quasi als abgemilderte Form der antiautoritären Erziehungsmodule. In dieser Erziehungsform dachten viele Eltern, dass es nicht notwendig sei, mit den Kindern zu schimpfen oder sie zu zwingen, etwas gegen ihren Willen zu machen. „Die Kinder wissen, was gut für sie ist und was sie wollen", war die damalige Devise. Genauso wie die Erwachsenen für ihr Handeln verantwortlich sind, wollten sie, dass die Kinder auch für ihr eigenes Handeln verantwortlich sein würden. Die persönlichen Wünsche und Bedürfnisse wurden auf die Kinder projiziert, und die Befreiung der Kinder von der elterlichen Autorität war stellvertretend für die eigene Emanzipation und die Befreiung von den elterlichen Vorgaben. Wie wir bereits gesehen haben, haben jüngere Kinder noch nicht gelernt, ihr Verhalten zu verantworten. Der Prozess der Verantwortungsübernahme wird schrittweise übertragen und behutsam mit Ruhe und Geduld erlernt. Aus dieser Verantwortungsbürde folgt, dass die Kinder, analog zu den Erwachsenen, die Konsequenzen für ihr eigenes Handeln tragen können müssen und, wie erwartet wird, auch schultern.

Für die partnerschaftlich agierenden Eltern hat es allzu oft aber den Anschein, als würden die Kinder vergessen, welche Konsequenzen folgen werden. Somit haben die liebevollen Eltern die Aufgabe übernommen, sie ihnen aufzuzeigen (immer und immer wieder!).

Da dieses gesamte Konstrukt vernunftorientiert ist, werden die emotionalen Entwicklungsstände der kindlichen Phasen nicht berücksichtigt. Durch die Projektion in der Partnerschaftlichkeit folgt, dass von den kindlichen Denkfähigkeiten reife Erwachsenenaktivitäten erwartet werden. Das wiederholtes Erinnern nicht fruchtet und diese Interaktionen ihre Eigendynamik haben, wird aus dem Aufzeigen ein Androhen.

Die aufgezeigten Konsequenzen entwickeln sich ebenfalls mit der Dynamik der Interaktion und es könnte manchmal für externe Zuschauer der Eindruck erweckt werden, dass die Eltern Strafen androhen und diese als Konsequenzen tarnen. Durch die Ablehnung der alten, vor allem der elterlichen Erziehungsmethoden sind die Eltern in der heutigen Zeit geneigt und gewillt, weder Regeln postulieren zu wollen, noch Strafen zu erteilen. Mangels alternativer Handlungsmöglichkeiten wurden die Regeln durch Grenzen ersetzt und die Strafen durch Konsequenzen. Die Veränderung beschränkt sich leider nur auf die Bezeichnungen, der inhaltliche Umgang bleibt dabei unverändert. So wird ein kritisch aggressiver Erziehungsstil, welcher über viele Jahre die einzige und ultimative Erziehungsmethode gewesen ist, übernommen, obwohl er nicht gewollt ist, und mit einem veränderten Namen in ein neues Gewand gesteckt, mit der

Hoffnung, es würde zum neuen gewollten Extrem, dem partnerschaftlichen Erziehungsstil, passen. Der Wille und die eigene Erfahrung prallen wie zwei diametral entgegengesetzte Welten aufeinander. Durch die Unvereinbarkeit dieser beider Extreme entsteht ein Neues, kaum definierbares Etwas, welches einen innovativen Anspruch hat, moderne Begrifflichkeiten verwendet, aber alte Methoden beinhaltet.

Nun aber erst einmal zurück zu den Konsequenzen. Wenn diese zu Beginn logische Folgen einer Handlung waren, so wurden sie später in vielen Situationen künstlich erschaffen. So ist die logische Konsequenz, wenn das Kind auf dem Stuhl klettert, dass es hinfällt und sich wehtut. Die Schmerzen sind die logische Konsequenz, welche auf die Handlung folgt. Diese Konsequenz schadet dem Kind nicht, vor allem dann nicht, wenn es von seinen Eltern getröstet wird, im Gegenteil, hieraus kann das Kind, nach wissenschaftlicher Manier, durch Versuch und Irrtum, lernen. Wenn das Kind am Klettern gehindert wird, und aus Angst vor einem Sturz in die Ecke gesetzt oder angemeckert wird, ist dieses eine Bestrafung, keine Konsequenz, und das Kind wird dieses als einen persönlichen Angriff auf seine Person, auf seiner Integrität empfinden. Die gezogene Schlussfolgerung ist für das Kind nicht nachvollziehbar. Es ist kein Schema und kein Zusammenhang zwischen Verhalten und Konsequenz zu erkennen.

So erleben die Kinder eine Bestrafung, trotz der elterlichen Aussage, dass die Kinder in dem Fall nur die Konsequenzen für ihr eigenes Handeln ernteten. Die Verantwortung wird den Kindern überlassen, als ob sie selber der Verursacher ihrer Misere wären. Das Fatale an dieser Dynamik ist die Abwesenheit der trostspendenden Eltern, da diese nicht Tröster und Konsequenzwächter zugleich sein können.

Viele Eltern wiederum durchschauen ihre Sackgassenhandlungen und möchten diese ganze Dynamik der Strafen und strafenden Konsequenzen nicht in Gang setzen, drohen aus diesem Grund die Konsequenzen an, ohne diese umsetzen zu wollen oder sie umzusetzen.

> **Um Kinder zu einer Verhaltensänderung zu bewegen, zeichnen Eltern oft nicht nachvollziehbare, als Strafe getarnte Konsequenzen auf und drohen häufig mit ihnen. Manchmal werden die angedrohten Konsequenzen umgesetzt, was dem Kind ein Schuldgefühl vermittelt, und manchmal nicht.**

In ihrer übersteigerten Einfühlsamkeit durchleben Eltern selber häufig die angedrohten Konsequenzen vor deren Umsetzung und lehnen sie direkt, nachdem sie sie ausgesprochen haben, ab: Sie wollen schließlich nicht, dass ihre Kinder traurig sind und leiden. Sie erhoffen sich aber von der bloßen Androhung eine Verhaltensänderung des Kindes, ein Umsetzen des elterlichen Willens, einen absoluten Gehorsam, ohne dass dieser Wunsch offen und klar dargestellt wird. Anfangs kann es funktionieren, bis das Kind die Drohung auslaufen lässt und nicht das erwartete Ergebnis erlebt. Die Konsequenzandrohung wird nun zu einer „leeren Drohung". Wenn ein Kind zu oft eine „leere Drohung" erhält, lässt es sich von dieser nicht mehr beeindrucken, was unweigerlich zu einer Steigerung und Verstärkung der Drohungen führt, mit der Hoffnung, die Kinder beeindrucken zu können.

Was in diesem Konstrukt nicht beachtet wird, ist das Einsetzen der kindlichen Ängste als Druckmittel zum Erreichen eines Ziels.

Da ich es als selbstredend betrachte, dass Angst kein Erziehungshilfsmittel sein darf, werde ich hierauf nicht weiter eingehen, mit der Hoffnung, meine ablehnende Haltung deutlich gemacht zu haben.

Viel gravierender als die im Herzen der Kinder gesäte und keimende Angst sind aber, meiner Meinung nach, die „leeren Drohungen" der Eltern und die damit einhergehende Stellung als Sicherheitsgebende Bindungsperson, welche diese einnehmen. Die Kinder lernen, dass sie sich nicht auf ihre Eltern verlassen können. Sie erleben, dass Eltern nicht halten, was sie sagen. So werden die Kinder verallgemeinern und Drohungen und Versprechen vermengen. Entsprechend laufen die Lernprozesse der Kinder. Sie wissen nun aus eigener Erfahrung, dass das gesprochene Wort ihrer Eltern keinen wirklichen Sinn hat. Sie lernen dadurch, dass sie sich nicht mehr auf ihre Eltern verlassen können.

Es liegt nahe, dass die Kinder zu folgender Analogie kommen und sich fragen: „Wenn die Eltern die Unwahrheit bei den Drohungen sagen, warum sollten sie dann die Wahrheit beim Schutzangebot sagen?"

Und die Eltern stehen nicht mehr als Halt und Sicherheit gebende Bindungspersonen zur Verfügung. Aus dem Hintergrund und tief verankerten Wunsch, die Kinder zu beschützen, wird ungewollt das Gegenteil in die Wege geleitet.

Die Kinder fühlen sich allein, im Stich gelassen und haben keinen Anlaufpunkt mehr, den sie bei ihrer Wut, ihrer Trauer, ihrem Leid, ihrer Freude und ihrem Glück ansteuern können. Die Eltern sind nun nicht mehr der für eine gesunde emotionale Entwicklung dringend benötigte sichere Hafen, zu dem sie immer gehen können, wenn sie jemanden benötigen, der ihnen Sicherheit gibt. Die gesamte Bindungssicherheit, welche für eine gesunde kindliche Entwicklung und die emotionale Reifung vonnöten ist, wird in Mitleidenschaft gezogen. Hieraus kann eine Verunsicherung der Kinder entstehen und mit ihr die affektive Entwicklung gehemmt werden. Die kindliche Seele benötigt, um sich entfalten zu können, eben diesen Schutz, diese Sicherheit auf der Bindungsebene. Die Verunsicherung, die hier einsetzt, hat eine starke hemmende Wirkung: sie schränkt kognitive Entwicklungsprozesse ein und verlangsamt die affektiven Entwicklungsprozesse bis hin zu einem Stillstand. Die Kinder wachsen dann körperlich und in ihrer Intelligenz, sind aber auf ihrer Gefühlsebene im frühen Kleinkindalter verhaftet, was sie in der Jugend und später im Erwachsenenalter daran hindert, Verantwortung für sich und für ihre Mitmenschen zu übernehmen.

Wenn die Kinder oft leere Drohungen erhalten, lassen sie sich auf der einen Seite von ihnen nicht mehr beeindrucken, verlieren ihr Vertrauen aber auf der anderen Seite in die Aufrichtigkeit ihrer Eltern, und ihre Bindungssicherheit kann ins Schwanken geraten.

Den Kindern geht also auf der Bindungsebene die Sicherheit verloren. Sie haben keinen Halt mehr, fühlen sich einzig auf sich selbst gestellt und verhalten sich eigenständig (wie bereits beschrieben), was zu ihrer Überforderung führen kann. Die hieraus entstehende Rastlosigkeit wäre nur einer der Ausdrücke der verlorenen oder nicht erlangten Bindungssicherheit.

Es entsteht der Eindruck, dass die Kinder von ihren Eltern keine Notiz mehr nehmen. Egal, was diese sagen oder machen, es hat den Anschein, als interessiere es die Kindern nicht. Sie sind keineswegs extrem selbstständig und unabhängig, wie manch einer behaupten könnte. Sie sind eher Opfer ihrer Umstände, sind abgestumpft und erlauben sich keine Gefühlsregungen, zeigen nicht, dass sie Hilfe brauchen und unterdrücken jedes aufkeimende Bindungsbedürfnis. Kinder, die ihre negativen Gefühle und vor allem das Bindungsbedürfnis nicht zeigen, haben nachweislich einen sehr hohen Stresspegel[11]. Da Kinder noch über keine Mechanismen verfügen, diesen Stress zu verarbeiten, hält das Gefühl über einen längeren Zeitraum an. Der aufkommende emotionale Wust wird über die Bindungspersonen verarbeitet. Vor allem durch die Nähe und den Körperkontakt, die sogenannte Kontakttröstung durch die Bindungsperson wird das emotionale Erleben der Kinder verarbeitet. Wenn ein Kind nach dem oben beschriebenen Kletterversuch hinfällt und Schmerzen empfindet, erfolgt der Trost über den körperlichen Kontakt der Eltern (Küsschen, auf den Arm nehmen,

---

[11] Studien haben bewiesen, dass der Kortisolwert, welcher im Speichel der Kinder gemessen werden kann, extrem hoch ist, was auf einen hohen Stressfaktor hinweist.

pusten, streicheln etc.). Diese Art, den Kindern den Trost zu spenden, nennt sich die Kontakttröstung. Wird das Kind hingegen mit dem Hinweis darauf, dass es selber schuld sei und deshalb auch zurecht die Konsequenzen erfahren müsse, oder mit einer als Konsequenz getarnten Strafe konfrontiert und damit allein gelassen, lernt dieses Kind, dass seine Eltern, wenn es diese benötigt, nicht da sind. Sie spenden keinen Trost und sorgen nicht für eine Linderung des erfahrenen Leids, egal, wie das Kind dieses zum Ausdruck bringt. Somit wird dieses Kind sein Bindungsbedürfnis nicht mehr zeigen, es unterdrückt dieses und erlebt in Folge dessen starken Stress, ohne eine adäquate Methode an die Hand zu bekommen, mit diesem Stress umzugehen. Eine der möglichen Ergebnisse dieses Erlebens ist die innere Unruhe, welche sich nach außen in allem möglichen unruhigen und rastlosen Verhalten zeigen kann.

Wenn Eltern trotz allem noch androhen wollen, sollten sie nur Drohungen aussprechen, welche auch durchführbar sind und durchgeführt werden können, und mit denen die Eltern sich nicht selbst bestrafen. Wenn nicht durchführbare Drohungen ausgesprochen werden, lernt das Kind zweierlei. Auf der einen Seite die Botschaft auf der Metaebene der Drohung, dass es nicht okay ist und auf der anderen Seite, dass das, was die Eltern sagen, nicht ernst genommen werden kann und es dementsprechend inhaltsleer ist. Des Weiteren sollte nichts angedroht werden, dessen Durchführung die gesamte Familie in Mitleidenschaft zieht. In entsprechenden Situationen wird dem Kind zusätzlich zu seinem eigenen Leid noch die Verantwortung für das Leid der restlichen Familienmitglieder gegeben. Eine Verantwortung, die das Kind nicht schultern kann, womit es also überfordert und dann auch noch allein gelassen wird. Es ist analog zu den Verboten, da es nur sinnvoll ist, den Kindern etwas zu verbieten, wenn auch darauf geachtet werden kann, dass das Verbot eingehalten wird.

Vor einigen Wochen war ich auf dem Geburtstag vom Sohn von Freunden. Ich hörte, wie zwei junge erwachsene Menschen mit ihrer Mutter diskutierten. Ich habe den gesamten Verlauf des Gesprächs nicht mitbekommen, sondern nur einen geringen Teil aufgeschnappt und gebe ihn wegen seiner Relevanz hier wieder:

„Du bist selber schuld, Mutter!"

„Warum ich?"

„Du warst einfach nie konsequent genug."

„Das muss ich mir jetzt anhören?"

„Ja, Entschuldigung. Ist aber so. Du hast immer gesagt wenn…/ dann…, hast aber nie etwas gemacht."

„Ja, weil ihr mir so leid getan habt. Eurem Vater hat es nichts ausgemacht, wenn ihr gelitten habt. Ich konnte mir das nicht mit ansehen."

„Aber genau deshalb haben wir ja auch immer gemacht, was er gesagt hat."

„Weil er streng war, habt ihr vor ihm Angst gehabt, und weil ich lieb zu euch war, habt ihr mich fertig gemacht?"

„Es hatte nichts mit Angst zu tun, wir wussten einfach, dass er macht, was er sagt."

„Und ich?"

„Du hast gemacht, was wir wollten."

„Ja, ich konnte nicht zugucken, wenn ihr traurig ward. Eurem Vater war das egal."

„Stimmt nicht", ertönte es vom anderen Ende des Tisches. „Mir war es überhaupt nicht egal. Nur, warum sollte ich etwas sagen und es dann nicht machen?"

„Ja, du bist der Beste und ich wieder die Blöde..."

Den weiteren Verlauf des Gesprächs habe ich nicht mehr mitbekommen. Es hatte hier den Anschein, dass, laut Aussage der Mutter, nur derjenige konsequent sein kann, welcher nicht einfühlsam ist.

Ich frage mich immer wieder, ob diese Haltung eine Begründung oder eine Rechtfertigung ist. Ich kann es mir kaum als Begründung vorstellen. Wer einfühlsam ist und den Schmerz der Kinder nachempfindet, würde die Härte der Drohungen ebenfalls in voller Wucht nachempfinden und diese erst gar nicht aussprechen. Hier ist für mich eher die Situation, dass die Einfühlsamkeit als Rechtfertigung gewählt wird. Die Drohung ist ein auswegloses Agieren, entsprungen aus einer Überforderungssituation. Entsprechend wird auch der anders Agierende angegriffen und der Vorwurf der mangelnden Einfühlsamkeit zur Selbstberuhigung gewählt. Der Spiegel, den diese nicht konsequente Mutter von ihrem konsequenten Mann vorgehalten bekommt, sorgt für ein Unbehagen und veranlasst das Aufkommen von Abwehrhaltungen, hierzu gehört z.B. die Rechtfertigung und Beschuldigung anderer.

Mit seinem einfachen Gemüt hat der Vater hier logisch und konsequent gehandelt, seinen Kindern damit die Sicherheit vermittelt, dass er weiß, was er will und was er von ihnen erwartet. Natürlich hatte er auch das Mitgefühl mit den Kindern, nur der Schmerz der Kinder ist nicht zu seinem eigenen geworden, er hat seine Handlungsfähigkeit behalten und konnte den Kindern bei Bedarf zur Seite stehen. Das Verhalten der Mutter schoss über die Einfühlsamkeit hinaus. Der Schmerz der Kinder wurde zu ihrem eigenen, was sie handlungsunfähig gemacht hat. Um ihren eigenen Schmerz zu lindern, musste sie den Kindern alles durchgehen lassen. Dabei ging es keinesfalls um den Schmerz und das Leid der Kinder, sondern um ihren eigenen. Manch ein Psychiater würde dieses als die Beziehungsstörung der Symbiose, in dem sich das Ich der Mutter mit dem Ich des Kindes verschmilzt, bezeichnen.

Neulich saß ich wieder einmal im Wartezimmer bei unserem Kinderarzt. Es war Hochsaison für alles Mögliche an Viren, und das Wartezimmer war überfüllt. Wir waren elf erwachsene Eltern und ebenso viele Kinder. Die Kinder spielten und tobten, während wir Erwachsenen geduldig warteten. Ich nutze solche Situationen und beobachte die Interaktionen zwischen den Eltern und ihren Kindern. Die Szenerie ließ nicht lange auf sich warten, und ich hörte eine Mutter rufen:
„Alina, wir sind gleich dran!"
„Okay."
„Du musst dir also die Schuhe anziehen."
„Ja! Mach ich gleich."
„Alina, komm! Wir sind gleich dran."
„Jaaa! Noch einmal rutschen."
„Alina, ich hab schon deine Schuhe geholt. Komm, wir sind jetzt gleich dran."
„Okay, Mama, bin gleich da."

„Alina, jetzt komm doch endlich, wir sind gleich dran."
„Mach ich."
„Wenn du nicht sofort kommst, darfst du hier nicht mehr spielen."
„Ich komm doch."
„Alina! Jetzt komm endlich!"
„Ja!"
„Ich zähle jetzt bis drei! Eins… zwei… halb drei… viertel vor drei… -
jetzt komm doch endlich!"
„Sofort, nur noch einmal rutschen."
„Nein, nicht mehr rutschen! Alina, wir sind jetzt dran. Das ist das letz-
te Mal das ich dich rufe."
„Ja, bin sofort da."
„Jetzt hör doch endlich, ich habe gesagt, ich will dich nicht mehr ru-
fen. Alina, komm, wir sind gleich dran!"
Die Familie wurde aufgerufen, die Frau schnappte sich ihre Tochter,
trug ihre Schuhe in einer Hand, zog sie an der anderen und ging mit
ihr (auf Socken) in das Behandlungszimmer.

Das Lesen dieser Zeilen verursacht entweder eine Belusti-
gung oder einen Ärger. Es ist ein erstaunliches Phänomen,
dass manche Menschen mit vielen Worten nichts sagen können und trotzdem für die Diagnostik viele Fakten liefern.

Das Ende dieser Kommunikation und die Art und Weise,
wie die Mutter den Abschluss gemacht hat, stehen nicht im
Zusammenhang mit dem gesamten Dialog. Der Dialog war
also so gesehen nicht zweckdienlich und nicht zielorientiert,
spiegelt aber die Interaktionen zwischen Mutter und Kind.

So werden Erkenntnisse über die vorhandenen Kom-
munikationsstrukturen zwischen diesem Mädchen und ih-

rer Mutter sichtbar, ebenfalls wird auf die Bindungsebene verwiesen und gezeigt, dass das Mädchen gelernt hat, dass die Worte ihrer Mutter inhaltsleer sind, ihre Befehle nicht durchgeführt werden müssen und ihre Drohungen keine Repressalien mit sich ziehen.

Es hat den Anschein, als erwarte die Mutter auch, dass Alina nicht auf sie hört. Ob die Tochter dann nur den Erwartungen (ein ungehorsames Kind zu sein) entspricht oder nicht, ist hier nicht ersichtlich. Mit dem ständigen Wiederholen gibt die Mutter ihrer Tochter auf jeden Fall die Botschaft, dass sie nicht auf sie hören muss, da sie sich wiederholen wird. Diese Situation ist für beide gewiss nicht zum ersten Mal aufgetreten. Das Verhaltensmuster der Mutter ist für das Kind ersichtlich, sehr bekannt und die Reaktionen der Tochter auch für die Mutter nicht neu.

Ebenfalls erkennen wir hier, dass die Mutter sich selber extrem unter Stress setzt. Der Ungehorsam ihrer Tochter wird von ihr nicht positiv, wie manch einer es fehldeuten könnte, als Stärke der Persönlichkeit des Kindes, bewertet, sondern stört sie, und sie scheint die Hoffnung zu haben, durch ihr regelmäßiges Insistieren und ihren Wiederholungen ihr Ziel zu erreichen.

Das Kind hingegen scheint von all dem keine Notiz zu nehmen. Es bemerkt nicht einmal, dass sie ihrer Mutter zwar verbal zustimmt, aber verhaltensmäßig widerspricht. Das Kind verhält sich kleiner als es ist. Es war definitiv keine anderthalb Jahre alt. In diesem Alter endet die Phase der direkten Bedürfnisbefriedigung, was dazu führt, dass das Kind seinen Wunsch nach spielen aufschieben kann und entsprechend den Anweisungen auf die Mutter hört. Hierzu muss das Kind aber von der Mutter gelernt haben, dass ihre Ansprache wichtig ist. Die Aussagen der Mutter erreichen die im Spiel vertiefte Tochter nicht. Sie antwortet automatisiert, ohne inhaltlich zu folgen. Die Worte der Mutter sind für dieses Kind inhaltsleer. Ebenso folgen inhaltsleere Antworten. Schließlich haben sie auch keine Folgen. Die Worte der Mutter bleiben für dieses Mädchen Geräusche. Dieses wird von der Mutter bestätigt, da sie ohne eine Reaktion oder Gehorsam der Tochter, und ohne auf die ausgesprochenen Worte einzugehen, die Situation zu einem Abschluss bringt.

Diesen Abschluss hätte die Mutter auch problemlos ohne das gelaufene Gespräch erreichen können.

▶ *Alternativen*

Die Mutter ruft ihre Tochter zu sich, schaut ihr in die Augen, erhält damit ihre ungeteilte Aufmerksamkeit und sagt ihr: „Alina wir sind gleich dran, ich helfe dir beim Anziehen!", greift nach den Schuhen ihrer Tochter und hilft ihr beim Anziehen.

Oder...

Die Mutter sagt gar nichts und wartet, bis sie aufgerufen werden, schnappt sich ihre Tochter, trägt ihre Schuhe in der einen Hand und nimmt ihre Tochter in der anderen Hand und geht mit ihr ins Behandlungszimmer.

In der ersten Alternative erfolgt eine Aussage der Mutter, welche mit Taten verfestigt wird. In der zweiten Alternative kann das Kind die gesamte Zeit spielen. Dieses kindliche Verhalten wird akzeptiert und somit positiv bewertet. Und wenn dann die Mutter das Kind an die Hand nimmt, ist sie nicht genervt und hat ihrer Tochter nicht gezeigt, dass ihr Reden inhaltsleer und bedeutungslos ist.

Eine kleine Familie ist bei Freunden zu Besuch. Der Junge geht seinem Bewegungsdrang nach und bezieht die Erwachsenen in seinem Spielverhalten mit ein. Die genervte Mutter ermahnt ihren Sohn:
„Wenn du jetzt nicht aufhörst, fahren wir nach Hause zurück!"
„Ich will aber nicht!"
„Ja, ich auch nicht, aber wenn du so weiter machst, dann müssen wir fahren."
„Okay, ich bin lieb."
„So, das war es jetzt."
„Ich mach doch nichts."
„Das war jetzt das letzte Mal, noch einmal dann fahren wir…"
Dieser Dialog setzt sich den gesamten Abend fort.

Die Mutter ist zwiegespalten, auf der einen Seite hat sie keine Lust mehr, dass ihr Sohn sie nervt, auf der anderen Seite möchte sie den Besuch nicht abbrechen und nach Hause fahren. Somit droht sie, ohne etwas davon umzusetzen und ohne etwas zu erreichen, weil die Drohungen für ihren Sohn keine wahrhaftigen Drohungen darstellen. Die Mutter befindet sich hier in einer Pattsituation, da sie nicht in der Lage ist, ihren Sohn zu bestrafen oder, wie in der Moderne lieber gesagt wird, die Konsequenzen spüren zu lassen, ohne sich selbst zu bestrafen. Der Besuch ist für die Familie, vor allem der Eltern wichtig, scheinbar nicht für den Jungen.

Es ist nicht schwierig, die Situation der Mutter in dieser

Situation nachzuvollziehen oder nachzuempfinden. Auch Aussagen wie: „Die Mutter darf sich hier nicht nerven lassen!" sind irreführend, helfen nicht weiter und wirken eher kontraproduktiv.

Die in solchen Situationen zu stellende Frage sollte die Zielorientierung der Mutter betreffen. Was will sie erreichen und was erreicht sie tatsächlich? Sie will einen artigen Sohn haben, einen Sohn, der sich in dieser Situation ruhig verhält, sich selbst beschäftigt und den Eltern ihren Abend genießen lässt. Mit ihrer altbewährten Methode erreicht sie aber nicht ihr Ziel, auch die steten Wiederholungen erzielen keinen Erfolg. So wäre die erste Empfehlung, aufzuhören, immer das Gleiche zu wiederholen. Wenn die Mutter aufhören würde, ihren Sohn regelmäßig zu ermahnen, könnte sie sich den Stress (den sie sich selber macht) nehmen. Es gelänge ihr dadurch, ruhiger zu werden und es bestünde so die Möglichkeit, diese Ruhe auf ihren Sohn zu übertragen. Es besteht eine Wechselwirkung zwischen den Verhaltensweisen der Mutter und denen des Kindes, und so ist es in den meisten Situationen nicht möglich, ein Kind zu beruhigen, wenn die Mutter nicht erst selber zur Ruhe kommt. Die Unruhe der Mutter rührt aus dem Verhalten des Kindes her und verursacht diese zugleich. Dieses zu durchbrechen kann nicht dem Kind, sondern nur der Mutter, in dem sie sich zur Ruhe zwingt, gelingen.

Droht sie ihrem Sohn hingegen auch nur ein einziges Mal mit dem Nachhause gehen, hat sie sich in die Lage versetzt, auch Nachhause gehen zu müssen. Wenn sie ihre Glaubwürdigkeit wahrt, könnte die Drohung ihr Ziel erreichen. Die

Mutter wäre in dieser Situation auch nicht zufrieden, weil sie sich selber bestrafen würde. Ihr Ärger und ihre Traurigkeit darüber, die Unternehmung abgebrochen zu haben, werden sie veranlassen, ihrem Kind die „Schuld" daran zu geben, was sich auf die Mutter/Kind Bindungs- und Beziehungsebene auswirken wird.

Ferner hat die praktische Erfahrung gezeigt, dass diese Mutter, auch wenn sie ihr Ziel erreicht hat, nicht zufrieden sein wird, weil diese „…wenn, …dann…" Sätze von den Kindern nicht gerne gehört werden und langfristig die positive Bindung negativ beeinflussen werden.

Nur Liebe, Akzeptanz des Kindes und der Wunsch, es nicht verändern (biegen) zu wollen sorgen langfristig für den erwünschten Fortschritt, da dadurch eine gelungene Bindung etabliert wird, und diese Bindungssicherheit das Kind zum erwünschten Ziel führen wird.

Ein weiterer Dialog, welcher sich häufig zwischen Eltern und Kinder abspielt, ist folgender:
„Wenn du deine Spielsachen nicht endlich alle hier wegräumst, werde ich sie alle wegschmeißen!"
„Nein, ich komme!"
„Schnell!", sagt der genervte Vater. Sein Sohn hat die Angewohnheit, das Wohnzimmer immer zu vereinnahmen und einen Teil seiner Spielsachen in diesem Wohnraum zu verteilen. Dieses Gespräch ist zu einer täglichen Routine geworden. Das Kind räumt seine Spielsachen immer erst nach Ermahnung und Androhung der Entsorgung weg. Der Lernerfolg, den sich der Vater erhofft hat, ist nicht eingetreten,

da die Drohungen des Vaters nicht umgesetzt werden. Einmal hat er dann tatsächlich Spielsachen weggenommen, gesagt, dass er sie in den Mülleimer wirft, diesen auf und zu gemacht und die Spielsachen versteckt. Als sein Sohn heulend angerannt kam und den Mülleimer öffnete, um seine Spielsachen heraus zu holen, bemerkte er, dass sein Vater auch hier kein Wort gehalten hatte und bekam seine Spielsachen am nächsten Tag mit den Worten: „Beim nächsten Mal sind sie wirklich weg!"

„Okay, Papa, hab verstanden!", und die Angelegenheit ging weiter.

Wir haben hier verschiedene parallel laufende Tatsachen. Die erste besteht darin, dass die Drohung des Vaters leer ist, da er gar nicht beabsichtigt, die Spielsachen seines Sohnes zu entsorgen. Allein die Tatsache, dass dem Vater der monetäre Wert der Spielsachen bekannt ist, hindert ihn daran, diese zu entsorgen. Die zweite Tatsache besteht darin, dass die Drohung des Vaters das Kind in seinen Grundängsten (Verlust von liebgewonnenem Spielzeug) trifft. Diese Androhung stellt einen persönlichen Angriff auf die Integrität des Kindes, ist für dieses emotional belastend, ohne dass dem Kind eine tröstende und stärkende Bindungsperson zur Seite steht. Drittens wird mit dieser Methode absolut kein Lernerfolg im Sinne des Vaters erzielt. Das Kind lernt hier allerdings, dass seine Wertigkeit herabgesetzt wird und dass der Vater seine Worte nicht hält. Die größte Gefahr allerdings besteht darin, die Bindungsebene zwischen Vater und Sohn zu destabilisieren. Die Sachebene bleibt von jeglicher Veränderung verschont.

Der Vater betritt den Raum, ruft seinen Sohn und erinnert ihn: „ Du hast deine Sachen noch im Wohnzimmer, ich möchte, dass du sie wegräumst!", fordert ihn somit auf, das Aufräumen umgehend anzugehen und begleitet ihn dabei, ohne dass mit dem Jungen sein Verhalten und der Wunsch des Vaters zerredet wird.

Eltern, die auf einer anderen Seite ihre Drohungen umsetzen, werden von ihren Kindern häufig als Erpresser betrachtet, was auch zutreffend ist. Wenn-dann-Sätze sind der Ausdruck zweier Handlungsschemata: Erpressung und Bestechung. In der politisch korrekten Ausdrucksweise werden diese Bezeichnungen nicht als solches dargestellt, analog zur Verpönung des Begriffs Strafen und sein Ersetzen durch das Wort Konsequenzen, ohne ein inhaltliches Ausweichen darzustellen.

Diese Erkenntnis wird von den Eltern allzu oft als frustrierend erlebt, abgelehnt oder verdrängt. Diese Handlungsweise entsteht eher zufällig und reaktiv. Sie stellt keine negative Absicht der Eltern dar. Es ist eher die Manifestation einer traurigen Hilflosigkeit, geboren aus dem Wunsch, den Kindern aggressionsfrei zu begegnen. Eltern wollen ihren Kindern nicht mit derselben Strenge begegnen, mit der sie als Kinder traktiert wurden, geben dem Kind eine angebliche Wahlmöglichkeit, haben aber das verinnerlichte Bild des Kindes nicht entsprechend der reaktiven Wünsche verändert. Dieses verinnerlichte Bild ist die Wahrheit eines jeden Menschen, welche aus der Summe der eigenständig gemachten Lebenserfahrung entsteht. Und so dominiert in vielen Situationen immer noch das Bild des gehorsamen Kindes. Dieses innere Bild stellt quasi einen unbewussten Zielwunsch dar. Da dieser Wunsch aber häufig unbewusst bleibt, besteht keine Konformität zwischen Wunsch und Handlung, was zu einer Überforderung der Eltern führt und in Folge dessen zu den beschriebenen „Drohungen" und „Erpressungen".

Die Erfahrungen der Eltern zeigen, dass diese Methode kein Verhaltensmuster bei den Kindern generiert, und so muss immer wieder auf diese Methode zurückgegriffen werden.

Diverse Experimente aus der Verhaltensforschung haben gezeigt, dass die Handlungen der Kinder in solchen Situationen, also nach „Drohungen" oder nach „Erpressungen", keinen Sinn an sich erhalten und somit zu keiner Veränderung im Sinne verinnerlichter Handlungsmuster führen. Das Verhalten hat nur eine Bedeutung durch eine in Aussicht gestellte Belohnung oder durch die Repressalie, welche auf die Drohung folgt (hiermit werden wir uns später ausführlich beschäftigen). Somit lernen Kinder, dass ihre Handlungen keinen tieferen Sinn und kein höheres Ziel haben und dass sie immer eine direkte Bedürfnisbefriedigung mit sich bringen müssen.

Das auf langer Sicht Fatale an diesem Verhalten der Eltern besteht darin, dass sich die Kinder auf der sozial-emotionalen Ebene nicht altersentsprechend entwickeln und emotionale Entwicklungsverzögerungen verzeichnet werden können. Somit besteht die Möglichkeit, dass die Kinder emotional wie kleine Kinder bleiben. Auch wenn sie das Schul- und das Jugendalter erreichen, sie den Entwicklungsstand der direkten Bedürfnisbefriedigung nicht überschreiten. Die häufig gestellte Frage von Kindern mit diesem emotionalen Entwicklungsalter: „Und was hab ich davon?" oder „Was kriege ich dafür?" sind eindeutige Hinweise auf den eben beschriebenen verzögerten Entwicklungsstand und auch auf die erlernte und gewonnene Erkenntnis der Kinder, dass ihre Handlungen keinen Sinn an sich haben, sondern die Sinnhaftigkeit nur in der Belohnung oder der Abwendung der Bestrafung gewonnen wird.

7 Konsequenzen ohne Liebesentzug

In der heutigen Zeit fühlen sich Eltern, wie mehrfach erwähnt, oft hilflos. Die Erwähnung der Hilflosigkeit ist wichtig, da hiermit verdeutlicht wird, dass kein Zweifel an der elterlichen Liebe zu ihren Kindern besteht. In meinen ganzen Jahren in der Familienberatung und in der Jugendhilfe sind mir kaum Eltern begegnet, die ihre Kinder nicht geliebt haben, auch wenn sie aufgrund ihrer Lebensumstände und ihrer Lebenserfahrung dieses nicht entsprechend zum Ausdruck bringen konnten. Es hat aber häufig den Anschein, als hätten die Eltern kein passendes Werkzeug für einen gelungenen Umgang. Sie wollen das Werkzeug, das ihnen zur Verfügung steht, nicht benutzen. Alles was sie selbst erlebt haben und durch die Nachahmung gelernt haben, möchten sie nicht anwenden. Sie möchten ihre Kinder lieber „politisch korrekt" erziehen, so wie es sich in der heutigen Zeit gehört, wissen aber nicht, wie die konkrete Umsetzung aussieht. Über die unterschiedlichen medialen Programme oder anhand von Erzählungen im Freundeskreis sind sie auf eine moderne, zeitgenössische Richtung geeicht worden. Vor allem auch durch die Ablehnung ihrer persönlichen Erlebnisse sind sie davon überzeugt worden und wollten dieses auch verinnerlichen und zu ihrer eigenen Ausrichtung machen. Sie wissen aber eigentlich nicht, worum es geht, und erst recht nicht, wie es alternativ zu ihren Erfahrungen erfolgen kann.

Eine Großzahl der heutigen Eltern lernte in ihrer Kindheit durch körperliche Züchtigung den Gehorsam und litt sehr darunter. Bei den eigenen Kindern wollen sie dieses vermeiden und sind aus diesem Grund auf der steten Suche nach Alternativlösungen.

In den ersten Lebensjahren der Kinder ist dieses im Normalfall auch kein Problem. Die Kinder sind süß, knuddelig und vor allem lenkbar. Sie richten sich an ihre Eltern, saugen ihre Aufmerksamkeit, ihre Liebe und ihre Nähe. Sie freuen sich darüber, dass die Eltern sich mit ihnen beschäftigen, für sie da sind und ihnen bei der Entdeckung der Welt behilflich sind.

Um das zweite Lebensjahr fängt bei den Kindern eine ganz besondere Entwicklungsphase an. Es ist die Zeit, in der die Kinder mobil werden und anfangen, durch Worte eine eigene Meinung zu entwickeln und diese vor allem zu äußern. In dieser Phase versuchen die Kinder, sich das erste Mal von ihren Eltern zu lösen. Es ist, wenn man so will, die erste kleine Revolution der Kinder. In den Beratungen wird oft von den Eltern, von Erzieher/innen oder von Lehrer/innen der Begriff des „präpubertären Handelns" erwähnt. Erfahrene Berater können sich hierbei keines Grinsens verwehren, da sie wissen, dass diese erste kleine Revolution wirklich nur eine kleine darstellt und auch schnell vorübergehen kann, wenn die Handlungen nicht durch die Eltern oder andere im pädagogischen Prozess involvierte Menschen verstärkt werden. Im Vergleich zum pubertären Erleben und zum Verhalten Jugendlicher ist dieses kaum erwähnenswert. Was allerdings beachtet werden kann, ist häufig beobachtetes pubertäres Verhalten nichts mit der Pubertät zu tun hat, sondern eher ein Ausdruck einer emotionalen Entwicklungsverzögerung ist.

Für das kindliche Verhalten ist auch der Begriff der „Trotzphase" nicht wirklich zutreffend, da das Verhalten der Kinder eher ablehnend als trotzig ist. Ich persönlich würde diese Phase als die „Ablehn-Phase" oder die „Nein-Phase" bezeichnen.

Die meisten Eltern erleben, dass in dieser Phase „nichts hilft". Die Situationen, wenn die Kinder nicht mehr auf ihre Eltern hören, könnte die gesamte Eltern-Kind-Beziehung belasten. Eltern erleben sich hilflos und zum Teil auch emotional sehr aufgewühlt. Aus dem Unterbewusstsein gesteuert, eher reflexartig und nicht reflektiert, neigen die Eltern dazu, sich in ihrem Verhalten dem ihrer Eltern anzugleichen. Dieses Verhalten stellt das bekannte und verinnerlichte Muster dar. Die Eltern identifizieren sich mit ihren Eltern und verhalten sich entsprechend. Dann aber, nach den ersten Affektausbrüchen, entsinnen sich die Eltern jedoch, dass sie „es ja anders machen wollten" und suchen vergebens nach alternativen Handlungen.

> **Wenn Eltern alles anders machen wollen als ihre Eltern, stoßen sie das erste Mal an ihre Grenzen, wenn die Kinder um die zwei Jahre alt sind und neigen dann dazu, ihre Eltern nachzuahmen.**

Da Eltern aber in ihren Handlungen kaum über andere Handlungswerkzeuge verfügen außer der ihrer Worte, fangen sie an, mit ihren Kindern über ihr Verhalten zu reden. Sie fangen an, eine Erklärung nach der anderen argumentativ anzureihen und neigen häufig zu einem Zerreden der

Situation. Sie setzen, wie schon des Öfteren erwähnt, rationale Argumente ein, um die Kinder von der Sinnhaftigkeit des elterlichen Handelns und der Sinnlosigkeit des kindlichen Verhaltens zu überzeugen. Kinder im Alter zwischen anderthalb und zwei Jahren sind in ihrem Handeln eher lustgesteuert und nicht vernunftorientiert. So besteht durch Überzeugungsversuche auch nicht die Möglichkeit, die von den Eltern anvisierten Ziele zu erreichen. Da den Eltern aber viel an einer Verhaltensanpassung der Kinder liegt, bitten sie mit Nachdruck, dass das von ihnen gewünschte Verhalten auch für sie von den Kindern umgesetzt wird. Die Kinder werden gebeten, das erwünschte Verhalten an den Tag zu legen, weil sie ihre Eltern lieb haben. Somit verknüpfen die Eltern die angepassten Verhaltensweisen der Kinder mit der Liebe zu ihnen. Es wird den Kindern quasi gesagt, dass sie es machen sollen, weil sie die Eltern lieb haben. Und wenn diese Strategie dann nicht fruchtet, also keine Verhaltensanpassung erfolgt, sagen die Eltern ihren Kindern, dass sie sie dann nicht lieb haben. Die Verhaltensänderung wird somit, ohne dass dieses explizit ausgedrückt oder entsprechend von den Eltern gewollt ist, zu einer vorausgehenden Bedingung für den Erhalt der elterlichen Liebe.

Ohne dass die Eltern es wollen, wird ihre bedingungslose Liebe aufgrund ihrer Hilflosigkeit an eine Bedingung geknüpft, und es wird hier eine ähnliche Wenn-dann-Situation, welche im vorherigen Kapitel ausführlich beschrieben wurde, erreicht. Der Unterschied besteht nur darin, dass das „Dann" hier die Liebe der Eltern ist, die Kinder auf diese Liebe angewiesen sind und sie diese eigentlich bedingungslos erhalten.

Ohne dass es zu einer Steigerung kommt, also ohne, dass den Kindern mitgeteilt wird, die Eltern hätten sie nicht mehr lieb, wenn ihre Handlung nicht den elterlichen Erwartung entspricht, haben sie ihnen einen starken emotionalen Druck mitgegeben. Dieses erfolgt, ohne dass es ausgesprochen werden muss, weil die Offenbarung, die Kinder lieb zu haben, wenn sie die Wünsche der Eltern erfüllen, impliziert, dass die Eltern sie nicht mehr lieb haben, wenn sie entgegen ihren Anweisungen handeln.

„Wenn du mich lieb hast, hörst du damit auf!", bedeutet für das Kind genau so viel wie: „Wenn du damit nicht aufhörst, hast du mich nicht mehr lieb und ich kann dich auch nicht mehr lieb haben!"

Das Verhalten der Eltern ist keineswegs bewusst gegen die Kinder gesteuert, und es besteht auch kein Zweifel an die Liebe dieser Eltern. In solchen Situationen wird ihr Verhalten eher von ihrer Hilflosigkeit und ihrer Ratlosigkeit als von einer zielorientierten Planung gesteuert. Sie wissen, dass sie ihre Kinder immer und bedingungslos lieb haben, ob diese ihre direkten Anweisungen befolgen oder nicht. Leider ändert das nichts an der Tatsache, dass bei den Kindern unter Umständen nur eine bedingte Liebe ankommt. Einmalige Handlungen werden in einer sicheren Bindungsqualität aufgenommen, ohne einen Schaden anzurichten. Wenn es aber zum gängigen Umgang wird, beeinflusst es das Bild der Kinder. Sie vertrauen und glauben ihre Eltern. Und wenn dann Sätze wie: „dann hab ich dich lieb…" den Erziehungsprozess dominieren, glauben sie dieses. So besteht die Gefahr, dass sie von der Angst ergriffen werden, die Liebe ihrer Eltern und damit auch ihren Schutz und ihre Sicherheit zu verlieren.

Ob die Eltern es nun wörtlich meinen oder nicht, scheint irrelevant zu sein. Die Kinder können das Vertrauen in die bedingungslose Liebe ihrer Eltern verlieren.

> **Wenn die Eltern ihre Kinder mit Nachdruck bitten, etwas zu machen, weil sie sie lieb haben oder damit sie sie lieb haben, können sie das Vertrauen in die bedingungslose Liebe ihrer Eltern verlieren.**

„Die kleine Annie steht mit ihrer Mutter an der Kasse. Geschickt platziert locken die Schokoladenriegel das vierjährige Mädchen an. Sie greift nach einem und sagt ihrer Mutter: „Das will ich haben!"
„Nein, Süße, ich habe schon Süßigkeiten in den Wagen gelegt."
„Ist mir egal, ich will diesen hier haben!"
„Guck mal, Schatz, ich habe das alles hier."
„Aber da ist nicht so ein Riegel bei."
„Hör mal, der kleine Riegel da kostet genauso viel wie die ganze Tafel hier. Willst du nicht doch lieber die ganze Tafel als nur einen Riegel?"
„Ich will den Riegel!"
„Wenn ich dir den Riegel kaufe, dann muss ich die Tafel weglegen. Dann hast nur du den kleinen Riegel und ich habe nichts. Willst du das?"
„Nein, ich will aber den Riegel."
„Du willst also, dass die Mama nichts bekommt? Hast du die Mama denn nicht mehr lieb?"
„Doch!"
„Mama hat dich ganz doll lieb, darum hab ich auch die große Tafel

hier, für uns beide. Sei ein liebes Mädchen und leg den Riegel zurück."

„Kann ich ihn nicht bitte haben?"

„Du hast mich doch lieb und willst mich nicht weiter ärgern?"

Das Gespräch setzt sich fort, ohne dass das Mädchen sich von dem Wunsch der Mutter überzeugen lässt. Trotzdem hinterlässt die moralisierende Ansprache der Mutter ihre Spuren, und das Mädchen fühlt sich nicht wirklich wohl dabei, eine Art Traurigkeit bei der Mutter verantworten zu müssen. Trotzdem stellt das hier Geschehene eine typische und häufig erlebte Situation dar. Eltern zwingen die Kinder nicht, ihre Meinung zu übernehmen oder ihren Anweisungen Folge zu leisten, sondern üben einen moralischen Druck auf ihnen aus, damit diese ihren Wunsch erfüllen. Der Hintergrund ist der gleiche: die Eltern möchten, dass die Kinder gehorchen. Nur erlauben sich die Eltern nicht, eindeutig und bestimmend aufzutreten, da dieses als autoritär dargelegt werden könnte und zur politischen Korrektheit der heutigen Zeit nicht passt. Verinnerlicht haben sie den Gedanken, dass Kinder auf das hören müssen, was die Eltern sagen, die Ablehnung der autoritären Haltung ihrer Eltern führt aber dazu, dass sie die Methoden ihrer Eltern nicht einsetzen wollen und haben daher kein verinnerlichtes Handlungsschema, das in so einer Situation eingesetzt werden kann. Also versuchen sie eine sanfte Methode, mit der Hoffnung, das Kind davon zu überzeugen, sich aus eigenem Willen gehorsam zu verhalten. Und um den ganzen Worten mehr Gewicht zu verleihen, wird es durch das Moralisierende ergänzt.

Fatal an solchen Ereignissen könnte sein, dass die Kinder durch ihre gemachten Erfahrungen zu der Überzeugung gelangen könnten, die Liebe der Eltern sei nicht bedingungslos, sondern dass sie sich diese Liebe und Zuneigung „verdienen" müssten. Dieses wiederum zieht den Glauben mit sich, die Kinder könnten die Liebe der Eltern verlieren, wenn sie sich nicht entsprechend ihren Wünschen (die nicht immer deutlich und klar dargestellt sind) verhalten.

> **Moralischer Druck wird auf die Kinder ausgeübt, wenn das erwünschte Verhalten als Bedingung für die Liebe der Eltern gestellt wird.**

► *Alternativen*

Die Mutter sagt ihrer Tochter in einem liebevollen, ruhigen Ton: „Ich habe schon Schokolade für uns gekauft, diese brauchen wir nicht!", nimmt den Riegel aus der Hand ihrer Tochter und legt ihn zurück und geht nicht weiter auf die Eingaben ihrer Tochter ein. Je nach bereits gemachter Erfahrung, wird das Mädchen anfangen zu diskutieren und auf seinem Wunsch bestehen. Die Ruhe der Mutter und ihre Geduld bewegen sie, ihre Tochter liebevoll anzusehen und sie abzulenken. Ein Kuss geben, kitzeln, auf etwas anderes hinweisen, ihr ein Teil aus dem Einkaufswagen in die Hand drücken, damit sie darauf aufpasst oder anderes, Hauptsache, das Mädchen wird abgelenkt und die Mutter diskutiert ihren Wunsch nicht mit ihm.

Diese Methode im elterlichen Umgang mit den Kindern, ihnen die Wahl zwischen „lieben und gehorchen" und „nicht lieben und verweigern" zu geben, kommt in den meisten Situationen einem angedrohten oder durchgeführten Liebesentzug gleich.

Harte Strafen bis hin zur körperlichen Züchtigung[12] schaden bei weitem nicht so viel wie Liebesentzug. Bei den körperlichen Strafen sagen und spiegeln die Eltern ihren Kindern, wenn es nicht das Maß sprengt, dass sie sie trotz allem lieben. Auch wenn die Kinder vor Schmerzen weinen, sind die Eltern in der Regel tröstend für sie da. Körperliche Züchtigung ist die Ursache für Schmerz und negative Selbstbewertung der Kinder, und führt zu keinem Lerneffekt außer zur Angst und ist deshalb in pädagogischen und erzieherischen Prozessen nicht zu verantworten. Trotzdem ist der Liebesentzug deutlich intensiver im Hinblick auf das verursachte Leid. Dieses zeigt sich in einem zusammenfallenden Selbstbild der Kinder und in ihrem Gefühl, allein gelassen zu sein. Liebesentzug findet immer dann statt, wenn Eltern aus Verärgerung ihren Kindern spiegeln, dass sie sie nicht mehr lieb haben und sie alleine lassen. Dieses geschieht vor allem in Situationen, in denen die Kinder den Trost ihrer Eltern dringend benötigen.

Florian ist sieben Jahre alt. Er war ein Frühchen und als Säugling öfter krank. Er ist ein Wunschkind, und die Sorgen um sein Überleben und Wohlergehen belasteten die Eltern. In den ersten Lebensjahren erfüllten Florians Eltern ihm jeden Wunsch und sagten ihm selten: „Nein". Florian lernte, dass er seine Eltern und die Welt steuern kann.

---

[12] Ich möchte hier nicht falsch verstanden werden und weise explizit darauf hin, dass dieses kein Plädoyer für körperliche Züchtigung ist. Kinder zu schlagen ist würdelos und nicht ohne Grund vom Gesetzgeber her verboten.

Mit zunehmendem Alter versuchen die Eltern, ihrem Jungen das „Nein" beizubringen, was auf die sanfte Tour nicht gelingt. Die Eltern beschließen, einen Schlussstrich zu ziehen, und legen ganz viele Regeln fest. Für Florian erscheinen diese neu aufgestellten „Gesetze" als Einschränkungen. Er widersetzt sich dem und streitet sich mit seinen Eltern. Da er noch nie gelernt hatte, mit Streit umzugehen, endet dieser mit einem Geschrei und einem Weinen. Verärgert über das Verhalten des Kindes, hören seine Eltern auf, mit ihm zu reden. Florian fühlt sich zurückgewiesen und abgelehnt. Er will sich auf den Schoß seiner Eltern setzen, doch diese schicken ihn weg, mit dem Hinweis auf die nicht eingehaltenen Regeln.

Als Strafe für sein Fehlverhalten, das nicht Einhalten der neu aufgestellten Regeln, erhält Florian in diesem Beispiel einen Liebesentzug. Die Schwierigkeit besteht in diesem Beispiel auf zwei Ebenen.

Erstens konnte Florian den Regelungen nicht folgen, weil er auf einmal eine nicht bekannte Enge erlebt. Es ist eine Enge, die reglementiert, ohne dabei Sicherheit zu vermitteln. Er hatte gelernt, sich auf sich selbst zu verlassen, seinen eigenen Weg zu gehen, ohne dass er einen schützenden Rahmen hat. Nun wurden ihm Regeln auferlegt, ohne dass er die benötigte Zeit hatte, sie kennen zu lernen, und ohne dass sich ein Vertrauen hat aufbauen können, dass ihm diese Regeln positiven Halt bieten. Zweitens war die Strafe nicht dem Fehler entsprechend, sondern die Zuneigung der Eltern und der damit einhergehende Körperkontakt (auf seine Wichtigkeit werden wir im späteren Verlauf eingehen) wurden ihm verwehrt. Florian lernt hier keine Regeln für ein zukünftiges freies Handeln, sondern nur, dass er sich die Liebe seiner Eltern durch das von seinen Eltern gewünschte Verhalten „erkaufen" muss. Die angestrebte Verhaltensänderung wird langfristig nicht eintreffen, da das erwünschte Verhalten für ihn keinen Sinn an sich hat, sondern lediglich Mittel zum Zweck ist: sich die Zuneigung und die Liebe der Eltern zu erkaufen.

Während der Bestrafung erlebt Florian einen starken Frust und wird von seinen Eltern nicht getröstet, eher allein gelassen. Er erlebt eine Ohnmacht, fühlt sich hilflos und allein. Dieses Erleben stellt wiederum eine starke emotionale Überforderung dar.

Des Weiteren gibt es noch die Situationen, in denen sich die Eltern dermaßen über ein Verhalten, eine Handlung oder ein Missgeschick ihrer Kinder ärgern, dass sie sie aus Schutz vor ihrer Wut oder ihrem Frust von sich fort schicken. In solchen Situationen sind die Eltern um das Wohlergehen der Kinder besorgt, sie wollen nicht unfair sein, ihren Ärger an den Kleinen auslassen, und versuchen, diese zu schützen, und erzielen genau das Gegenteil von dem, was sie beabsichtigen. Die Kinder benötigen aber in genau dieser Situation die Nähe der Eltern, damit diese sie auffangen und trösten. Die Kinder sind ebenfalls emotional betroffen und aufgewühlt. Sie sind nicht in der Lage, ohne die tröstenden Gesten der Eltern, ihr emotionales Erleben zu verarbeiten. Und so entsteht etwas, was mit einer kindlichen Einsamkeit gleichgesetzt werden kann. Durch das Verhalten der Eltern fühlen sich die Kinder allein gelassen und sind dementsprechend stark verunsichert. Die Eltern, welche die Bindungspersonen für die Kinder sind und einen sicheren Hafen verkörpern sollten, der immer angesteuert werden kann, wenn das Kind Unterstützung bei der emotionalen Verarbeitung benötigt, lassen das Kind in diesen Momenten allein. Aus dieser Überforderung und diesen Schmerz lernt das Kind, dass es auf sich allein gestellt ist und sich keinen Trost holen kann, wenn es diesen benötigt.

„Ich will jetzt nicht mit dir sprechen! Geh in dein Zimmer und lass mich in Ruhe!", schreit Martin seinen fünf Jahre alten Sohn Basti an, nachdem dieser am Kabel seines Notebooks hängen geblieben ist und der Rechner krachend zu Boden fiel.
Basti wusste, wie wichtig der Computer für seinen Vater ist. Als er über das Kabel stolperte, erschrak er und fing sofort an zu weinen. Basti machte seinen Mund auf, um sich bei seinen Vater zu entschuldigen und zu sagen, dass es ein Versehen war. Der Vater schaute seinen Sohn nur verärgert an und drehte sich zu seinem Notebook.

Mit seiner Entschuldigung machte der Junge in diesem Fall zwei unterschiedliche Aspekte deutlich. Erstens bedauerte er tatsächlich, was er gemacht hat, da er seinem Vater weder ärgern noch wehtun wollte. Zweitens, und das ist für die Bindungsebene deutlich wichtiger, erhoffte er sich die Unterstützung seines Vaters und eine Entlastung. Der Junge fühlte sich schuldig, etwas Schlimmes angestellt zu haben. Diese Schuldgefühle belasten in manchen Situationen mehr als körperlicher Schmerz. Um sie zu verarbeiten und damit zurecht zu kommen, bedürfen Kinder der fürsorglichen Tröstung ihrer Eltern. Dieser Trost wurde dem kleinen Basti in dieser Situation verweigert. Auch wenn es nachvollziehbar ist, dass der Vater sich hier ärgert, und dass er seinen Ärger nicht weiter an dem Jungen auslassen wollte, kommt dieser Wunsch, seinen Sohn beschützen zu wollen, nicht als solcher bei seinem Sohn an. Dadurch, dass er ihn weggeschickt hat, stand er ihm nicht tröstend zur Verfügung und teilte ihn mit, dass er ihm in dieser Situation seine Liebe nicht geben will.

▶ *Alternativen*

Martin nimmt seinen Sohn Bastian in den Arm, gibt ihm einen Kuss und sagt ihm, dass er weiß, dass er es nicht wollte, er aber sehr verärgert ist und allein sein möchte und verabschiedet sich mit einem Kuss von ihm und dreht sich zu seinem Notebook.

Viele der elterlichen Handlungen entsprechen einer aktuellen Stimmungslage. Ihre Reaktionen sind in den meisten Situationen weder reflektiert noch geplant, sondern entstehen aus „dem Bauch" heraus. Dieses Bauchgefühl ist stets vom emotionalen Erleben abhängig. Je nachdem wie es einem Menschen geht, fallen seine Reaktionen aus. Entsprechend gestalten sich auch die Reaktionen der Eltern auf das Verhalten oder Anforderungen ihrer Kinder. So sind diese häufig nicht gleich. Gravierend ist es, wenn diese entgegengesetzt sind. In solchen Fällen spiegeln sie ihren Kindern keine Eindeutigkeit. Und so ist je nach Stimmungslage ein Verhalten erlaubt oder verboten. Das bedeutet aber auch, dass das jetzt verbotene Verhalten gleich erlaubt sein kann und das erlaubte Verhalten verboten sein kann. So findet eine Vermengung des Erlaubten und des Verbotenen statt. Es ist den Kindern nicht möglich zu wissen, ob sie eine Handlung durchführen dürfen oder nicht.

Entsprechend ihrer Wahrnehmung lautet die von den Kindern empfangene Botschaft in den meisten Fällen: „Egal, was du machst, es ist verkehrt!". Die Kinder verlieren ihre Selbstsicherheit und das Vertrauen in ihren Fähigkeiten und Handlungsspielraum, und ihnen wird ein negatives Selbstbild vermittelt. Diese Kinder werden von Selbstzweifel bis hin zu einem ewigen schlechten Gewissen geplagt, ohne dass sie das Geschehen verstehen.

Ein weiterer Aspekt besteht darin, dass das Vertrauen der

Kinder in ihre Eltern zerrüttet wird, sie wissen nicht mehr, wann sie ihren Eltern Glauben schenken können und wann nicht. In der Psychologie wird hier von einem ambivalenten Verhalten der Eltern gesprochen. Unter Ambivalenz ist zu verstehen, dass sich das „Ja" und das „Nein" abwechseln. Die Zuneigung und die Abneigung wechseln sich ab, ohne eine Regelmäßigkeit oder ein System erkennen zu lassen. Ebenfalls können die Kinder keinen sichtbaren Zusammenhang und keine nachvollziehbare Erklärung erkennen. Somit sehen sie sich gezwungen, sich einen eigenen Weg auszusuchen, ohne zu wissen, ob dieser Weg in Ordnung ist oder nicht. Ein solches ambivalentes Verhalten verunsichert die Kinder zu einem hohen Maße. Bei einer weiteren Steigerung, wenn die Bereiche Liebe und Akzeptanz des Kindes umfasst werden, besteht sogar die Gefahr, dass es pathologisch, also mit krankhaften Folgen wird. Diese extremen Ambivalenzen auf der Bindungsebene, welche zu psychischen Verstimmungen und psychiatrischen Störungen bei den Kindern führen, sind hier nicht gemeint. Starke oder extreme Ambivalenzen sind in der Regel nur bei traumatisierten oder erkrankten Eltern aufzufinden. Da dieses Kriterium nur auf eine extrem kleine Gruppe von Eltern zutrifft, wird hier nicht weiter darauf eingegangen.

Hier wird lediglich eine stark abgeschwächte Form der Ambivalenz angesprochen, und zwar diese Form, welche sich in einer fehlenden Transparenz über die von den Kindern erwarteten Verhaltensregeln äußert. In den Gesprächen der Fachleute mit den Familien hängt regelmäßig ein großes Fragezeichen in der Luft, wenn nach den Regeln, die in der Familie vorhanden sind, gefragt wird. Es gibt in allen Familien Regeln. Mal sind diese ausgesprochen und mal nicht. Es gibt Eltern, die diese gelebten Regeln kommunizieren. Dann sind sie auch allen Parteien präsent. In anderen Familien werden diese Regeln nicht ausgesprochen und sind auch nicht offensichtlich oder nicht eindeutig. Die Eindeutigkeit fehlt immer dann, wenn die Regeln launen- und gemütsabhängig sind. Das bedeutet aber auch, dass das Verbotene nicht immer verboten ist und das Erlaubte nicht immer erlaubt.

> **Oft sind die Familienregeln nicht ausgesprochen und somit nicht immer für alle Beteiligten klar. Wenn die Eltern dann noch entsprechend der Stimmungslage entscheiden, ob eine Handlung erlaubt oder verboten ist, verlieren die Kinder den notwendigen Halt und die notwendige Sicherheit.**

Häufig scheinen die Regeln für die Eltern eindeutig zu sein, nicht aber für die Kinder. Manchmal haben Mutter und Vater auch unterschiedliche Regeln. In diversen Situationen werden von den Eltern Regeln genannt, welche von den Kindern mit unzähligen Beispielen widerlegt werden. Hier stellt sich natürlich die Frage der Eindeutigkeit und der Transparenz für die Kinder. Der hier auflaufende Irrtum besteht darin, dass Eltern dem Irrglauben verfallen, Erziehung sei ein Prozess, welcher durch Worte generiert und gesteuert wird. Die Erfahrung aller Pädagogen sowie die Hirnforschungsergebnisse bezüglich der Bedeutung der Spiegelneurone in dem Verfahren des Lernens am Modell bestätigen aber, dass die Kinder durch die Beobachtung und das Nachahmen der Handlungen ihrer Bindungs- und Bezugspersonen lernen und nicht durch deren Worte. Wenn die Eltern also Regeln kommunizieren und ihren Kindern vorbeten und sich in ihrem alltäglichen Handeln nicht daran halten, werden diese aufgezeichneten Regeln keinen Einzug in das Verhaltensrepertoire der Kinder erlangen.

Der Fernseher und das Fernsehprogramm hat für Familie Warner eine sehr große Bedeutung[13]. Es gibt kaum einen Tag, an dem sich die Familie nicht berieseln lässt. Der Esstisch steht aber für einen Fernsehzuschauer sehr ungünstig, deshalb werden die Mahlzeiten regelmäßig am kleinen Wohnzimmertisch eingenommen.

Als Familie Warner eine neue Couchgarnitur kauft, verbietet sie ihren Kindern die Essenseinnahme im Wohnzimmer. Seitdem sagen die Eltern täglich zu ihren Kindern: „Ihr wisst ja, hier im Wohnzimmer soll doch nicht mehr gegessen werden!", bleiben selber dort sitzen und erlauben es den Kindern. Als die Eltern dieses als eine Regel erwähnten, hielten die Kinder dagegen, dass sie nie ausgeführt wird und somit nicht existiert. Die Eltern relativierten es mit der Erwähnung der Ausnahmen.

Als die Eltern in diesem Beispiel gefragt wurden, wozu sie diese Regel aufgestellt haben und wozu sie ihren eben zitierten Satz wiederholen, gaben sie als Antwort, dass sie

---

[13] Ich möchte hier ausdrücklich nicht den uneingeschränkten und unreflektierten Fernsehkonsum einiger Familien reflektieren oder in Frage stellen. Gegenstand dieses Beispiels ist die Eindeutigkeit oder eben ihr Fehlen in Bezug auf Regeln oder Absprachen, wie im weiteren Verlauf deutlich wird.

wünschten, es wäre so. Eine Utopie wurde hier mit einer Regel gleichgesetzt, was den Kinder keine Eindeutigkeit der Regeln vermittelt, ihnen gar zeigt, dass Regeln nur reines Wunschdenken darstellen und sie nicht zu einer realen Umsetzung im Alltag tauglich sind.

Allerdings ist das, was hier geschieht, klassisch. Die Eltern möchten etwas und möchten es aber auch nicht. Sie haben einen Vorsatz, aber nicht die Muße, diesen Vorsatz in die Realität umzusetzen. Es ähnelt den Silvester oder Neujahresvorsätzen: gewollt, aber nicht umgesetzt, also eine Utopie, welche nie Gestalt annimmt. Der Begriff „eigentlich" erhält hier eine völlig neue Bedeutung oder kommt erst richtig zur Geltung. Es ist mehr als nur eine Redefloskel, weil er zeigt, dass es so, wie es sein sollte, nicht ist und auch nie sein wird.

Diese Eltern wollen, dass ihre Kinder sich an Vorgaben halten, an die sie sich selber nicht halten wollen. Es hat den Anschein, als wäre hier ein leichter, innerer Konflikt bei den Eltern zwischen dem Pflichtgefühl und dem Lustgefühl. Ihr Pflichtverständnis strebt nach dem Erhalt der neuen Couchgarnitur und ihr Lustverständnis weckt den Bedarf des Fernsehkonsums. Die Widersprüchlichkeit dieser Eltern ist eindeutig und trotzdem nicht gewollt. Es kann nicht die Rede von „verlogenen Eltern" sein, da sie von beiden Gedankengängen felsenfest überzeugt, sich diesem inneren Konflikt nicht bewusst sind und nicht absichtlich zwei unterschiedliche Botschaften verbreiten. Allerdings manifestiert sich dieser innere Konflikt bei den Kindern. Ihnen werden Vorwürfe und Vorhaltungen, die aufgrund der ambivalenten Signale zu keiner Klarheit führen, gemacht. Dieses sorgt für ein

Gefühl bei den Kindern, alles falsch zu machen, ohne sich eines realen Fehlers bewusst zu sein. Dieses Empfinden hat langfristig negative und beeinträchtigende Auswirkungen auf das Selbstbewusstsein der Kinder und kann zu negativen Selbstbildern führen.

Es ist ratsam, Regeln nur dann aufzustellen, wenn es notwendig ist, und auch dann nur, wenn sie eingehalten werden können. Ferner sollten die aufgestellten Regeln transparent sein und mit den Kindern kommuniziert werden, so dass sie diese kennen und begreifen lernen. Es ist nicht zwingend notwendig, die Regeln in einem demokratischen Prozess mit den Kindern zu erstellen, wie so manch ein politisch korrekter Pädagoge es meinen könnte. Es geht hier nicht um einen auszuhandelnden Vertrag, sondern um elterliche Vorgaben. Es ist ebenfalls durchaus möglich, die Verpflichtungen und die Befugnisse nicht gleich zu halten, so dürfen die Eltern mehr als die Kinder und ältere Kinder mehr als ihre jüngeren Geschwister. Wichtig ist hier lediglich, dass dieses deutlich dargestellt, ausgesprochen, vorgegeben und eingehalten wird.

▸ *Alternativen*

Im vorherigen Beispiel hätten die Eltern z.B. sagen können, dass die Kinder ihre Mahlzeiten nicht auf der neuen Couchgarnitur einnehmen dürfen, damit diese gut erhalten bleibt, sie hingegen sind erwachsen und dürfen das. Auch wenn die Kinder ihre Eltern hier der Unfairness bezichtigt hätten, wären diese eindeutig geblieben und ihre Kinder hätten eine klare Handlungsanweisung erlebt.

Diese Klarheit ist aber durch den von den Eltern eingeführten Begriff „eigentlich" nicht gegeben worden. Somit wurde die Regel im Augenblick ihrer Einführung ausgesetzt. Die Eltern gaben ihren Kinder die Regel und ihre Aussetzung zeitgleich mit. Solche Botschaften sind ambivalent. Auch wenn die Erwachsenenwelt und vor allem alles politische Geschehen von Doppeldeutigkeit und Ambivalenz geprägt sind, darf dieses Modell nicht die Umgangsformen mit den Kindern dominieren, da Kinder, anders als Erwachsene, auf die Eindeutigkeit ihrer Bindungspersonen angewiesen sind. Ohne diese Eindeutigkeit besteht die Gefahr, dass sich die innere Organisation nicht altersentsprechend entwickelt und so eine Diskrepanz zwischen dem Denken und dem Fühlen der Kinder entsteht und sie auf der emotionalen Ebene nicht wachsen.

Ausnahmen können selbstverständlich sein und durchgeführt werden, vorausgesetzt, diese werden kommuniziert. Eine weitere Voraussetzung für das Durchführen einer Ausnahme ist das klare Vorhandensein einer Regel. Des Weiteren haben Ausnahmen aber nur dann einen Sinn, wenn sie nicht zur Regel werden, und wenn sie auch als solches benannt werden und es auch bleiben. Im vorherigen Beispiel könnte ein Tag z.B. als Ausnahme genommen werden. Wenn aber drei Tage in einer Woche oder noch mehr Ausnahmen gemacht werden, wird die Ausnahme zur Regel und somit die Regel ausgehebelt. Sie bleibt dann existent und doch nicht. Der Umgang mit ihr stellt eine Ambivalenz dar und verunsichert Kinder in einem hohen Maß.

Ein weiterer Aspekt im Aufstellen von Regeln besteht darin, dass diese mehr sind als nur Verbote. In der elterlichen

Praxis wird der Begriff der Regeln, auch wenn die Eindeutigkeit fehlt, häufig verwendet. Ebenso oft wird dieser Begriff auf Verbote reduziert. Und wenn die Eltern dann in Familienberatungsgesprächen gefragt werden, welche Alternativen die Kindern für die genannten Verbote haben lautet die Antwort: „Alles andere!". Nur ist „Alles andere" für die Kinder nichts Greifbares. Die fachliche Empfehlung an die Eltern in diesen Situationen besteht darin, nicht nur Verbotenes aufzuzeichnen, sondern auch Erlaubtes. Den Kindern sollte mitgeteilt werden, was sie dürfen und machen sollen, nicht nur, was sie nicht dürfen. Hier geht es mehr als nur um eine Umdeutung und positive Sicht. Der Prozess besteht darin, den Kindern einen Lebensweg oder mehrere Lebenswege aufzuzeichnen, welche bestritten werden können und bei denen die Eltern unterstützend und stärkend zur Seite stehen. Nur Verbote alleine aufzuzeichnen ist ein hemmender Umgang mit den Kindern. Möglichkeiten aufzuzeichnen ist bejahend und stärkt die Selbstsicherheit.

Regeln sollten nicht nur aus Verboten bestehen und klar mit den Kindern kommuniziert werden. Nicht alle Familienmitglieder müssen die gleichen Regeln haben, es kann entsprechend des Alters und des Entwicklungsstandes unterschieden werden.
Wenn die Regeln eindeutig sind und eingehalten werden, können Ausnahmen gemacht werden.

Es gibt aber auch diverse Situationen, in denen Eltern sehr schüchtern und zurückhaltend sagen, was sie gerne möchten und spiegeln ihre Wünsche nicht in ihrem Verhalten, so dass es den Anschein hat, als ob sie es nicht wirklich wollen.

Eine Vermutung könnte darin liegen, dass Eltern sich aus irgendeinem Grund nicht trauen, ihren Wunsch zu äußern. Als hätten sie Angst, ihre Kinder vor den Kopf zu stoßen und ihre Liebe und Zuneigung zu verlieren. Das Abhängigkeitsverhältnis hat sich hier verkehrt. Nicht mehr die Kinder sind von der Zuneigung der Eltern abhängig, sondern die Eltern von dem positiven Zuspruch der Eltern. Problematisch ist hier, dass die Eltern somit den Halt bei ihren Kindern suchen, sie damit überfordern und ihnen nicht als sicherheitsgebende Bindungsperson zur Verfügung stehen können.

Diese Eltern sagen ihren Kindern nicht eindeutig, was sie wollen und halten „um des lieben Friedens Willens" den Ball flach. Auf der Strecke bleibt die Befriedigung der persönlichen Bedürfnisse. Wenn ein Mensch bewusst auf etwas verzichtet, damit jemand anderes davon profitiert ist es dieses Geben, welches eine persönliche Befriedigung mit sich bringt. Die Eltern verzichten aber nicht aus diesem Grund, sondern nur, um eine „ruhige Atmosphäre" zu erzeugen. Dieses führt zu extremen Frust bei den Eltern. Sie fühlen sich benachteiligt und zurückgesetzt und geben den Kindern hierfür nicht nur die Verantwortung, sondern auch die Schuld. Den Kindern wird also die Verantwortung für das Wohlergehen der Eltern gegeben. Die Kinder werden unbewusst in die Rolle der Eltern ihrer Eltern gedrängt, was sie überfordert und die Eltern zu keinem befriedigenden Ergebnis führt. Bei den Kindern kann die Überforderung ebenfalls zu einer Halt- und Rastlosigkeit führen. Bei den Eltern führt dieses Gesamte zu einem Frusterleben, da sie sich erhofft hatten, dass die Kinder den Wink verstehen und aus Selbstlosigkeit und Rücksicht auf die Bedürfnisse der Eltern, die nicht ausgesprochenen Wünsche erfüllen.

Karina isst für ihr Leben gerne Milchschnitte. Sie kommt mit einem Zehnerpack nachhause und teilt ihren drei Kindern mit, dass für jeden zwei Stück da sind. Nach zwei Tagen haben die Kinder ihre Schnitten gegessen, die der Eltern waren noch im Kühlschrank. „Mama, darf ich eine Milchschnitte? Bitte!", fragte das Jüngste ihrer Kinder. Das Mittlere hörte das und fügte hinzu: „Ich auch, ich auch Mama."
„Eigentlich nicht, das sind ja unsere."
„Aber bitte, die sind so lecker."
„Ich weiß, ich mag die doch auch total."
„Ach, Mama…"
Nach der Diskussion endete es damit, dass die Mutter die übrig gebliebenen Schnitten den Kindern gab und jammerte, dass sie nie etwas für sich haben dürfe. Und es ja immer so sei, dass die Kinder alles nur für sich haben wollen und nie auf sie Rücksicht genommen werde.

Dass die Mutter in diesem Beispiel auf ihre Schnitten für ihre Kinder verzichtet hat, ist eine normale Angelegenheit. So etwas machen Eltern immer wieder und gerne. Was hier nicht in Ordnung war, ist dass die Mutter ihre eigenen Bedürfnisse hinter die der Kinder setzt, obwohl sie es gar nicht möchte. Sie verzichtet nicht freiwillig und mit Freude, sondern fühlt sich von dem Verlangen der Kinder genötigt und gibt ihnen danach die Verantwortung für ihren Verlust. Als ob die Mutter hier einem ihr auferlegten Pflichtverhalten folgt. Dieses unausgesprochene Gesetz besagt, dass Eltern selbstlos sein müssen und auf ihre eigenen Bedürfnisse verzichten müssen, wenn sie Kinder haben. Dieses ist kein Naturgesetz, sondern ein kulturell-gesellschaftliches Gesetz, welches dringend abgelegt werden muss. Zu den Eigenschaften feinfühliger Bindungspersonen gehört das Erkennen und Entsprechen der Bedürfnisse der Kinder bei einer zeitgleichen Erkennung und Befriedigung der eigenen Bedürfnisse. Eltern können ihren Kindern nur zur Seite stehen, wenn sie eigenständige Personen bleiben, sich nicht auflösen, nachdem sie Eltern geworden sind, und ihre persönliche Gefühlsebene und ihr persönliches emotionales Erleben vom Erleben der Kinder trennen. Die den Kindern mitgegebene Ambivalenz steht der benötigten Eindeutigkeit im Weg.

Es gibt in jeder Familie häufig Rituale. Zu diesen Ritualen gehört bei Familie Mühlenhan, dass jeder nach dem Essen sein Geschirr in die Spülmaschine räumt. Leander ist der zwölfjährige Sohn und missachtet gerne die Regeln. Des Öfteren legt er seinen Teller nach dem Essen in die Spüle. Seine Mutter fragt: „Warum hast du dein Teller nicht in die Spülmaschine geräumt?"
„Vergessen."
„Ja, machst du das endlich?"
„Gleich, siehst du nicht, dass ich gerade etwas mache?"
„Aber nicht wieder vergessen, wie sonst auch immer. Ich bin hier nicht das Dienstmädchen, das immer hinter dir her räumt, irgendwann musst du es auch mal selber lernen."
„Jaha, gleich."

Es endet an diesem Tag, wie an fast jedem Tag, damit, dass die Mut-
ter am Abend die Spülmaschine einräumt, dem Jungen das sagt und
ihm zeigt, wie unzufrieden sie mit ihm ist.

Hier hat das Kind gelernt, dass den Worten der Mutter keine Taten folgen. Für ihn hat es den Anschein, als ob diese
immer nur unzufrieden ist und jammert, ohne auch nur ein
einziges Mal zu handeln. Und er weiß auch, dass sie die Aufgaben am Ende sowieso selber übernimmt.

▸ *Alternativen*
In dem Augenblick, in dem Leander in die Küche geht, erinnert ihn
die Mutter an seine Pflicht. Wenn er seinen Teller nicht eingeräumt
hat, geht die Mutter zu ihm, streichelt ihm über den Kopf, gibt ihm
ein Küsschen oder legt ihm die Hand auf der Schulter und erinnert
ihn an seine Aufgabe. Sie erinnert ihn ohne einen Vorwurf und bleibt
so lange bei ihm, bis er in die Küche geht und seine Aufgabe macht.
Es bedarf der Geduld und der Ruhe. Wie bereits gesehen, darf dieses
Verhalten des Kindes nicht als Angriff gegen die Mutter bewertet
werden, es muss dem Kind aber auch eine Eindeutigkeit vermittelt
werden: „Es ist deine Aufgabe, dein Geschirr in die Spülmaschine zu
räumen, und dir wird diese Aufgabe nicht weggenommen."

Ein weiterer Aspekt im Umgang mit den Kindern, der sehr
häufig beobachtet wird, betrifft das Fragen der Kinder, ob
sie etwas möchten oder machen wollen. Wenn diese Fragen
dazu dienen, die Meinung der Kinder herauszufinden, um
die Handlung dementsprechend zu gestalten, ist es in Ordnung. Häufig erlebt man aber, dass die Kinder alibimäßig

gefragt werden. Wenn die Antwort dann nicht der erhofften oder erwünschten Antwort der Eltern entspricht, versuchen diese, auf ihre Kinder einzureden und sie vom Gegenteil zu überzeugen.

Die Kinder haben das Gefühl, von den Eltern nur des Scheins wegen gefragt zu werden. Sie fühlen sich nicht ernst genommen und lernen dadurch, dass ihre Meinung nicht wirklich wichtig ist. Die Eltern vermitteln ihren Kindern, dass sie sie immer überreden wollen, das zu machen was sie wollen, ohne dass sie ihnen hierfür Vorgaben machen. Zum Schein wird eine Freiwilligkeit der Kinder dargestellt: sie können sich frei entscheiden, was sie gerne möchten, sollten aber das wählen (freiwillig versteht sich), was die Eltern gerne hätten. Anders verhält es sich, wenn die Eltern klare Aussagen und Ansagen machen. Die Kinder wissen, woran sie sind und was von ihnen verlangt wird. Diese Eindeutigkeit verleiht Sicherheit.

Nachdem Kindern eine Frage gestellt wird, muss die Antwort auch akzeptiert werden, da sich die Kinder sonst nicht ernst genommen fühlen. Wenn die Eltern etwas nicht in Frage stellen möchten, müssen sie dieses klar und deutlich, ohne Angst vor der kindlichen Reaktion, sagen. Die Kinder fügen sich und fühlen sich sicher aufgehoben.

---

9 Loben, positives Verhalten hervorheben, negatives ignorieren

In den Erziehungsprozessen werden häufig die negativen Verhaltensweisen der Kinder beobachtet, hervorgehoben und bewertet. Positives Verhalten hingegen wird als „normal" betrachtet und von den Eltern in der Regel mit keiner Aufmerksamkeit beschenkt.

Das unerwünschte Verhalten oder gar die Verhaltensauffälligkeit ist für die Eltern, Lehrer/innen und Erzieher/innen dermaßen präsent, dass es stets in den Fokus der Aufmerksamkeit gerückt wird. Der strapazierende Charakter dieses Verhaltens ist für die Beteiligten dermaßen extrem, dass es den Anschein hat, als sei es allgegenwärtig. Es ist nicht so, dass Eltern, Lehrer/innen und Erzieher/innen das negative Verhalten durch ihre Einstellung und Erwartungshaltung hervorrufen. Es ist tatsächlich präsent und dominiert teilweise das Zusammenleben. Es ist aber nicht alles. Bei näherer Betrachtung wäre auch noch alternatives Verhalten zu beobachten. Meistens sind aber die Eltern und alle anderen im Prozess beteiligten Menschen dermaßen von dem negativen Verhalten betroffen, dass es ihnen quasi unmöglich ist, eine alternative Perspektive einzunehmen. Hier bedarf es einer Objektivierung der subjektiven Wahrnehmungen. Das gefühlte Erleben muss mittels sachlicher, nicht gefühlsgesteuerter Methoden relativiert und in eine andere Richtung gelenkt werden. Diese Objektivierung kann durch eine schriftliche Dokumentation erfolgen. Es empfiehlt sich, die

Zeiten der negativ geprägten Verhaltensweisen aufzuschreiben. Dann kann verglichen werden, ob die reale Häufigkeit der gefühlten entspricht oder nicht. Die Erfahrung zeigt, dass hier Eltern, Lehrer/innen und Erzieher/innen völlig erstaunt sind über die Diskrepanz zwischen ihrem gefühlten Erleben und den realen Ausbruchszeiten. Die Intensität des emotionalen Aufruhrs der Betreuungspersonen steht in einem Widerspruch zu den realen Zeiten. Es kann hier keinem ein Vorwurf über das persönliche Erleben gemacht werden, da es eine normale menschliche Wahrnehmung ist. Umso wichtiger ist es, dass sich Eltern, Lehrer/innen und Erzieher/innen mit ihrer eigenen Wahrnehmung des kindlichen Verhaltens beschäftigen, diese objektivieren und durch die nun veränderte Wahrnehmung ihren Blick steuern und den zukünftigen Umgang mit dem Kind gestalten.

Vor allem dann, wenn die Kinder ein rationales Einsehen haben und den Wunsch verspüren, sich zu verändern, sollte das Augenmerk auf das positive Verhalten gerichtet und dieses entsprechend gewürdigt werden, ohne regelmäßige Erinnerungen und Hinweise auf vorhandene Defizite.

Diese Veränderungsversuche stellen für die Kinder eine anstrengende und schwierige Phase dar, da eine Umprogrammierung in ihrem Gehirn vorgenommen werden muss. Wenn ein Verhalten durch ein anderes ersetzt wird, ist es notwendig, ein Nervenzellnetzwerk im Gehirn durch ein anderes zu ersetzen. Das vorhandene Netzwerk wird seine Stellung aber nicht ohne weiteres aufgeben, was eine immense Anstrengung erfordert. Und wenn dann die Versuche der Kinder nicht entsprechend gewürdigt werden, resignieren diese und fragen sich nach der Sinnhaftigkeit ihrer Veränderungsversuche.

> **Positives Verhalten der Kinder sollte genauso gesehen wie ihr negatives Verhalten und deutlich mehr hervorgehoben und gewürdigt werden.**

Franzi ist eine fünfzehnjährige Jugendliche und für ihre impulsiven Aggressionsausbrüche bekannt. Ihr Verhalten hatte sie in der Vergangenheit des Öfteren in Schwierigkeiten gebracht. Ihre Eltern waren mit ihrem Latein am Ende und beantragten Erziehungsbeistand beim Jugendamt. Nach einer pädagogischen Diagnostik wurde eine familientherapeutische Maßnahme eingeleitet. Die Strukturen und die Umgangsformen in der Familie wurden revidiert, der Zugang der Eltern zu ihr und die Bindungsebene begleitet, mit dem Resultat, dass die Verhaltensauffälligkeiten von Franzi immer weniger und ihre Aggressionsausbrüche immer seltener wurden.

Nach vier Monaten rief Franzis Klassenlehrer bei der Mutter an und erzählte ihr von einer Rauferei auf dem Schulhof, in der Franzi einer Klassenkameradin ein Auge blau geschlagen habe. Als die Therapeutin dieses mit dem Mädchen im Vorfeld einer großen Klassenkonferenz thematisierte, sagte Franzi frustriert: „Ihr seht immer nur das eine Mal, wo ich mich nicht beherrschen kann! Die hundert Mal, in denen ich mich beherrsche seht ihr nicht! Das ist total unfair!"

Als ihr Klassenlehrer diese Sichtweise wahrnahm, änderte er seine Betrachtungsweise, und fing an, die aggressionsfreien Tage zu dokumentieren, und stellte fest, dass diese überhandgenommen hatten und die Verhaltensauffälligkeiten keineswegs mehr den Alltag dieses Mädchens dominierten.

In diesem Beispiel hat es den Anschein, als ob der Klassenlehrer auf ein negatives Verhalten von Franzi gewartet hätte, um sie erneut zu tadeln. Dem ist aber definitiv nicht so, sondern entsprechend seiner Wahrnehmung ist eben dieses Verhalten bei dem Mädchen und kein anderes präsent. Erst der konkrete Hinweis auf den zeitlichen Abstand konnte eine Veränderung der Perspektive mit sich bringen. Mit dieser veränderten Sicht konnte der Lehrer auch zu einer neuen Bewertung von Franzis Verhalten gelangen.

Eltern lieben ihre Kinder und möchten, dass sie im Leben Erfolg haben. Sie haben die Befürchtungen, dass sie in der heutigen Leistungsgesellschaft an ihre Grenzen geraten und nicht zurechtkommen. Von den externen Betreuungsinstanzen wie Kindergarten und Schule, egal, wie modern diese sind oder welche pädagogische Ausrichtung sie haben[14], erhalten die Eltern die Botschaft, dass die Kinder im Alltag funktionieren müssen. Dieses erzeugt bei nicht wenigen Eltern einen Leistungsdruck, den sie an ihre Kinder weitergeben. Die Weitergabe erfolgt in den meisten Situationen durch Sanktionierung und Verbote. Hierbei wird den Kindern immer aufgezeigt, welches Fehlverhalten sie an den Tag gelegt haben. Auch wenn positives Verhalten lobend erwähnt wird, so wird es häufig an dem unerwünschten, also negativen Verhalten angelehnt. Das nicht gewollte Verhalten wird somit immer wieder angesprochen, stets aus dem Gesamten hervorgehoben und erhält einen sehr hohen Stellenwert an sich. Die positiven Handlungen hingegen werden deutlich seltener erwähnt. Die

---

[14] In manchen wenigen Fällen soll es Ausnahmen geben, diese möchte ich hier nicht abwerten oder als nichtig betrachten.

Kinder erfahren weniger, welches ihrer Verhaltensweisen erwünscht ist, sondern immer wieder, was nicht erwünscht ist.

„Sag mir doch mal, was ich machen darf!", schrie der neunjährige Roy seine Mutter an, als diese ihn ebenfalls schreiend aufforderte, endlich damit aufzuhören, laut zu reden. Roy kam wie fast jeden Tag lachend und erzählend von der Schule an, zog seine Schuhe im Hausflur aus und ließ sie mitten im Weg liegen. Er entledigte sich seines Tornisters und seiner Jacke, indem er diese nicht weit von den Schuhen legte, und fing sofort an, seinem sechsjährigen Bruder zu erzählen, was er alles in der Schule erlebt habe. Es waren keine Unterrichtsinhalte, die er seinem Bruder weitergab, sondern die Erlebnisse, die Kindern wichtig sind, und welche seine Mutter nicht hören mochte. Er wurde in seinen Ausführungen immer lauter und steigerte sich hinein, bis seine Mutter intervenierte. „Du weißt, was du alles machen darfst, das willst du aber nicht!", erwiderte sie in einem scharfen Ton, noch etwas lauter als ihr Sohn.

„Nein, weiß ich nicht, ich rede doch nur!"

„Du redest nicht, du schreist. Und abgesehen davon, wollen wir diese Sachen nicht hören. Erzähl uns lieber, was ihr heute im Unterricht gehabt habt."

„Das ist langweilig, das will ich nicht erzählen."

„Dann geh und räume deine Sachen aus dem Flur weg, du hast wieder alles liegen gelassen."

„Mach ich gleich. Lass mich doch eben zu Ende erzählen."

„Aber leise."

„Ich bin immer leise!", und er wandte sich erneut an seinem Bruder, um da weiter zu machen, wo er von seiner Mutter unterbrochen worden war, steigerte sich erneut in seine Erzählungen und wurde erneut

laut. Die Mutter intervenierte und verbot ihm, weiter zu erzählen, und schickte ihn in sein Zimmer.

Hier wird eine Alltagssituation wiedergegeben, wie sie sich häufig in Familien ereignet, auch wenn die Akteure und der Inhalt leicht differieren können. Die Mutter scheint mit der gesamten Situation leicht überfordert zu sein und ist sehr schnell gereizt. Ihr Ärger umfasst ein breites Spektrum, wird aber nicht differenziert, sondern vermengt. In ihren Vorwürfen vermischt sie Einzelheiten, so dass ihr Sohn ihr nicht wirklich folgen kann.

Sie ärgert sich darüber, dass ihr Sohn den Hausflur mit einem Chaos verlässt, spricht ihn aber nicht konkret darauf an. Der Junge scheint nicht zum ersten Mal auf diese Art und Weise sein Ankommen zu zelebrieren. Sie weist ihn auch nicht auf eine von ihm durchzuführende Handlung hin, sondern tadelt ihn im Eifer des Gefechtes, er habe es nicht richtig gemacht.

Die Erzählungen ihres Sohnes aktivieren bei ihr unter Umständen eine oder mehrere Erinnerungen an Verhaltensweisen oder Gespräche mit den Lehrern und lösen bei ihr diverse, zum Teil auch berechtigte Befürchtungen aus. Ebenfalls könnte es sein, dass sie nicht möchte, dass ihr Junge seinen jüngeren Bruder beeinflusst und in seine Fußstapfen treten lässt, so dass, wenn der kleine Junge eingeschult wird, dieselben schulischen Schwierigkeiten auftreten.

Ferner ist ihr der Lautstärkepegel zu hoch. Auch hier ist ihre Reaktion verständlich und nachvollziehbar, nicht aber lösungsorientiert und trägt nicht zu einer Veränderung der

Situation bei. Ihr Einwirken scheint ein resignativer Versuch zu sein, eine längst verlorene Situation zu retten.

Durch die hier entstandene Dynamik wird aber keine Veränderung hervorgerufen, und beim Jungen wird sich kein, im Sinne der Mutter, positiver Lerneffekt ereignen.

Das Tragische an dieser Interaktion ist, dass die Mutter ihrem Sohn verbietet, seinen Tag und seine Erlebnisse zu kommunizieren und zu verarbeiten, und ihm keine Alternative hierzu anbietet.

Wozu sie ihn auffordert, ist nicht äquivalent mit dem Verbotenen und stellt somit keine Alternative für den Jungen dar. Es ist eine neue Pflichtausführung und kann das unterbundene Verhalten nicht ersetzen. Genauso wie das Bedürfnis des Jungen, sein Erlebtes über die Kommunikation zu verarbeiten, nicht außer Acht gelassen werden darf.

▶ *Alternativen*

Die Situation hätte sich in kürzester Zeit entspannt, wenn die Mutter sich zu den Kindern gesetzt hätte, ihren Neunjährigen auf dem Schoß genommen hätte, und ihm während des Erzählens leise ins Ohr geflüstert hätte, er möge etwas leiser sprechen. Der Einwand, dass die Mutter in dieser Situation nicht in der Lage ist, sich die Zeit hierfür zu nehmen, kann nicht gelten, weil ihre Interaktion mit dem Kind und den Verboten wesentlich zeitaufwändiger sind.

Oder

Eine andere Möglichkeit wäre es, dem Jungen das Verhalten in der Zeit zu verschieben, ihn also nicht zu unterbrechen, weil er laut ist.

Hier könnte der Junge aufgefordert werden, erst seine Sachen weg-
zuräumen und kurz zu warten, bis seine Mutter auch da wäre.

> **Wenn die Eltern den Kindern ein Verhalten verbieten,
> sollten sie den Kindern eine gleichwertige Alternative
> anbieten. Das Einstellen eines Verhaltens hinterlässt
> eine Lücke, die geschlossen, eine Leere, die gefüllt wer-
> den muss. Bieten die Eltern ihren Kindern nichts an, wer-
> den die Bedürfnisse der Kinder ignoriert.**

Eltern haben in der heutigen Gesellschaft, wie bereits mehrfach erwähnt, einen enormen Anpassungsdruck. Ihre Kinder müssen in dem gesellschaftlichen Gefüge funktionieren
und haben kaum Raum für Fehler oder für Fehlverhalten.
Hierdurch begehen sie oft einen elementaren Fehler im Umgang mit ihren Kindern. Sie legen ihren Fokus auf alles, was
falsch gemacht wird und beachten dieses fast ausschließlich.
Somit wird, indem dem negativen Verhalten eine besondere
Beachtung geschenkt wird, auch dem Kind diese Beachtung
geschenkt. Sobald das Kind eine Handlung oder ein Verhalten, welches nicht in Ordnung ist, an den Tag legt, beschäftigen sich die Eltern immens mit ihm und mit dem Verhalten,
und schenken so diesem Kind viel Beachtung. Dadurch erhält das negative Verhalten eine besondere Wertigkeit, und
erlangt einen Sinn und eine Bedeutung für das Kind.

Wenn sich das Kind aber im Gegensatz dazu unauffällig
verhält, wird es nicht beachtet, da das positive Verhalten als
„normal" betrachtet wird.

Da die Aufmerksamkeit und Zuwendung der Eltern eine

der wichtigsten Belohnungsformen darstellt, und die Kinder stets danach streben, ist es nachvollziehbar, dass sie das negative Verhalten wiederholen. Ihre Intension besteht darin, von ihren Eltern beachtet zu werden. Ob die Zuwendung durch Abneigung oder durch Zuneigung erfolgt, ist relativ egal. Die Zuwendung ist das, was angestrebt wird. So ist es in diesen Situationen völlig irrelevant, ob die Eltern positiv oder negativ auf ihre Kinder zugehen. Sie wenden sich ihnen zu und sind so für die Kinder da. Und wenn die Kinder das Gefühl erlangen, die Aufmerksamkeit ihrer Eltern nur durch ihr Negativverhalten zu bekommen, werden sie dieses wiederholen.

In der Psychologie wird diese Lernmethode als ein operantes Konditionieren betrachtet. Ein neutraler Tathergang, hier das Verhalten der Kinder, wird mit einer Belohnung, hier die Zuwendung der Eltern (dabei ist es gleichgültig, ob diese durch Zuneigung oder Abneigung erfolgt), gekoppelt und sorgt so für die regelmäßige Wiederholung des Verhaltens.

> Die Aufmerksamkeit der Eltern ist den Kindern immens wichtig. Wenn sie diese nur durch negatives Verhalten erlangen, nicht durch positives, werden sie das negative Verhalten wiederholen und haben keine Möglichkeit, Alternativen zu lernen und ihr Verhalten zu ändern.

Auch wenn es vielen Eltern in unzähligen Situationen schwierig erscheint, besteht die optimale Methode, den Kindern ein Verhalten abzugewöhnen, darin, es zu ignorieren.

Die Betonung liegt hier bei der Wichtigkeit, das störende oder ungewollte Verhalten zu ignorieren und dem Kind die volle Aufmerksamkeit zu geben.

Hier entsteht häufig eine den Prozess torpedierende Interaktion. Mit dem Hintergrund, negatives Verhalten zu ignorieren, wird das Kind ignoriert. Anstelle dem Kind weiter die volle Aufmerksamkeit, die es benötigt, zu gewähren, wird es nicht mehr beachtet. Diese Strategie erreicht natürlich nicht das gewünschte Ziel. Es führt dazu, dass die Kinder das negative Verhalten verstärken. Sie haben in der Vergangenheit gelernt, dass sie durch das auffällige Verhalten die ungeteilte Aufmerksamkeit der Eltern bekommen. Um diese erneut zu gewinnen, verfallen sie nicht nur in alte Verhaltensmuster, sondern verstärken das von den Eltern abgelehnte Verhalten. Somit erreicht das Ignorieren einen gegenteiligen Effekt: es sorgt nicht für eine Umprogrammierung des unerwünschten Verhaltens, sondern zementiert dieses. Wenn das Kind hingegen ausreichend Beachtung erfährt, das negative und unerwünschte Verhalten ignoriert, dafür das positive Verhalten positiv hervorgehoben wird, besteht die Möglichkeit, Veränderungen und positive Entwicklungen in die Wege zu leiten.

Deshalb ist es wichtig, dass die Eltern ihre Handlungen reflektieren, das negative Verhalten des Kindes ignorieren, dem Kind aber ihre volle Aufmerksamkeit schenken. Ferner muss jede positive Handlung der Kinder, egal, wie selbstverständlich sie für die Erwachsenen im Allgemeinen und für die Eltern im Besonderen erscheinen mag, gelobt werden. Das Kind lernt so, dass es die Aufmerksamkeit, und somit die Zuwendung und Anerkennung der Eltern, nicht durch das nicht erwünschte Verhalten gewinnt, sondern durch das eben durchgeführte positive.

> **Um negatives Verhalten bei den Kindern zu unterbinden, genügt es, dieses zu ignorieren, wenn parallel dazu jede positive Handlung der Kinder, so klein sie auch sein mag, lobend hervorgehoben wird.**

Wenn aus diesem Wunsch, ein perfektes Kind zu haben, dieses stets reglementiert wird und immer nur die negativen Verhaltensweisen der Kinder getadelt werden, erlangt dieses Kind ein negatives Selbstbild. Es sieht sich selbst als schlecht an und betrachtet das unerwünschte Verhalten als ein Teil seiner selbst. Die Auffälligkeit wird zu einem Teil der Persönlichkeit, und das Kind fängt an, sich darüber zu definieren. Wenn keine anderen Persönlichkeitsmerkmale hervorgehoben und verstärkt werden, könnte das auffällige Verhalten die einzig bestehende Existenzberechtigung werden, und eine Veränderung hin zu einem Positiven scheint unmöglich erreichbar zu sein.

Um die Tragweite und den Wahrheitsgehalt des hier Aufgeführten nachzuvollziehen, wäre eine Empfehlung an die Eltern, festzuhalten, wie oft sie ihr Kind täglich loben und wie oft sie über das negative Verhalten schimpfen. Das hieraus resultierende Aha-Erlebnis der Eltern könnte schon zu einer Veränderung führen. In einem zweiten Schritt können die Eltern dann die Situationen, in denen positives Verhalten bei ihren Kindern sichtbar wird, lobend hervorheben und dieses ebenfalls schriftlich festhalten. Durch die Verschriftlichung werden die Eltern angehalten, das Augenmerk deutlich intensiver auf das Positive als auf das Negative zu richten.

So kann es den Eltern nach einer Weile gelingen, einen Perspektivenwechsel zu erhalten und das Verhalten ihres Kindes in einem neuen Licht zu sehen. Wenn die Eltern dann die Überzeugung erlangen, dass das Verhalten ihres Kindes positiv ist, findet der angestrebte Wechsel der Bewertung statt. Dieser Bewertungswechsel wird auf das Kind übertragen und hilft diesem, sich in einem positiven Licht zu betrachten. So kann das Selbstbild des Kindes von einem negativen zu einem positiven gewandelt werden. Das Kind sieht seine Existenzberechtigung nicht mehr nur im negativen Verhalten, sondern definiert sich über Positives.

Das ständige Hervorheben des negativen Verhaltens bei den Kindern sorgt bei ihnen für ein negatives Selbstbild. Durch regelmäßiges Lob und Anerkennung des positiven Verhaltens werden auch die positiven Handlungen hervorgehoben. So kann dem Kind geholfen werden, ein positives Selbstbild von sich zu bekommen.

10 Zuckerbrot und Peitsche

Hier wird auf ein relativ altes Sprichwort zurückgegriffen. Auch wenn der eine oder andere, Eltern oder Fachleute, diesen Spruch nicht gerne im pädagogischen Geschehen vorfinden mag, finde ich ihn sehr zutreffend.

Das hier angestrebte Ziel besteht darin, die Eltern aus einer eventuell selbst verursachten und selbst verschuldeten Handlungsunfähigkeit herauszuholen.

Drohungen und Konsequenzen gehören zum erzieherischen Prozess dazu, egal, ob diese ethisch, theoretisch, menschlich und pädagogisch als politisch korrekt bezeichnet werden oder nicht. Also besteht auch die Notwendigkeit, hier darzustellen, wie diese Methoden nutzbringend eingesetzt werden können, ohne dass sich Eltern, Erzieher/innen und Lehrer/innen handlungsunfähig machen.

Das verfolgte Ziel besteht darin, die Eltern, Lehrer/innen und Erzieher/innen aus ihrer reaktiven Rolle herauszuholen und ihnen zu helfen, einen aktiven Part in ihrer pädagogischen Rolle einzunehmen. Die Aktions- und Handlungsfähigkeit der Eltern, Lehrer/innen und Erzieher/innen soll gestärkt werden.

Die Frage, ob Konsequenzen getarnte Bestrafungen sind und ob Bestrafungen etwas bringen oder nicht, soll hier nicht erneut diskutiert werden. Fakt ist, und das ist das Erlebnis aller Fachleute in Fallgesprächen jeglicher Art, dass eine große Anzahl mit pädagogischen Aufgaben beauftragter Menschen die Meinung vertreten, dass Kinder oder Heranwachsende bestraft werden oder zumindest die Konsequenzen spüren müssen.

Es wird immer wieder gesagt: „Das kann ich doch nicht durchgehen lassen!", und es wird ein starker Widerstand gegen ein straffreies Handeln erlebt. Und dann handeln viele Eltern oder andere Fachleute mit ihren Bestrafungen oder Konsequenzen entsprechend des eigenen Affekts: schnell und impulsiv. Auch wenn sie später ihren Entschluss rückgängig machen wollen, erlauben sie sich nicht, sich einzugestehen, dass sie impulsiv und aus dem Affekt heraus übertrieben haben.

Eine andere Variante besteht darin, mit der Bestrafung hoch über das Ziel hinaus zu schießen, und den Kindern nicht nur eines zu verbieten, sondern alles auf einmal. Die Kinder haben dann das subjektive Gefühl, alles verloren zu haben. Es ist eine Art Verzweiflung, die sich bei den Kindern einstellt. Diese Kinder haben in den meisten Situationen gelernt, dass sie nur etwas leisten, wenn hierfür eine direkte Bedürfnisbefriedigung erfolgt. Sie haben dann, wenn ihnen alles verboten worden ist, keinen Reiz mehr und erkennen keinen Grund, ihr Verhalten zu ändern. Hier gilt es, den eigenen Ärger nicht mehr dominieren zu lassen und einen, den ersten, Schritt auf die Kinder zuzugehen. Den Kindern muss die Möglichkeit zur Wiedergutmachung eingeräumt werden. Sie müssen die Chancen erhalten, sich durch ein entsprechendes positives Verhalten die Aufhebung oder die Reduzierung der Bestrafung zu verdienen.

> Wenn Strafen oder Konsequenzen sein müssen, dann sollte den Kindern damit nicht direkt alles genommen werden. Ferner muss ihnen die Möglichkeit der Wiedergutmachung eingeräumt werden.

Janina ist ein vierzehnjähriges Mädchen. Für ihre alleinerziehende Mutter ist der Umgang mit dem pubertierenden Mädchen in den letzten Monaten immer schwieriger geworden. Die Überlastung der Mutter wurde immer deutlicher, ihre Reizschwelle immer niedriger. Jeder Anruf, den sie von der Schule ihrer Tochter erhielt, steigerte ihr Frustgefühl und wertete sie persönlich ab, da sie sich als Mutter wie eine Versagerin fühlte. Dieser Frust wandelte sich mit der Zeit in latente Aggression, und ein gelungener Umgang mit der Tochter war nicht mehr möglich. Das Mädchen wurde von ihrer Mutter als „Stubenhockerin" bezeichnet, verbrachte also ihre Freizeit Zuhause mit ihrer Mutter, so dass die zwei sich auch räumlich nicht voneinander trennten. Die Wortwahl des Mädchens wiederum war in den Streitgesprächen mit ihrer Mutter fäkal- und sexualorientiert, so dass ein neutraler Zuhörer ebenfalls das Mädchen am liebsten „weggesperrt" haben würde.

In den Gesprächen mit ihren Freundinnen erhielt die Mutter keine Unterstützung, sondern das Bild einer tyrannischen Jugendlichen, welche die Schuld an allem trägt, wurde geprägt und verfestigt. Und die Mutter erhielt wertvolle Ratschläge wie: „Das darfst du dir nicht weiter gefallen lassen! Du musst ihr endlich zeigen, wer das Sagen hat! Ich würde ihr nichts mehr durchgehen lassen! Die macht dich fertig, und du änderst nichts daran!"

Gestärkt von diesem Input ging die Mutter voller Zuversicht in die Osterferien:

„Ab heute weht ein anderer Wind", sagte sie und lächelte dabei „wenn du mich ärgerst, wirst du deine Konsequenzen spüren."

„Willst du mich schlagen oder was?"

„Ne, du wirst jetzt lernen, was es bedeutet, eine Tochter zu sein. Räume jetzt den Tisch ab, ich bin nicht deine Dienstbotin."

„Du kannst mich mal! Ich hab keine Zeit! Muss Chat."

„Ich hab dir gesagt: räume den Tisch ab!"

„Ph."

Zielsicher entfernt sich das Mädchen und fährt den gemeinsamen Rechner im Wohnzimmer hoch. Die Mutter rennt ihr hinterher und fängt an zu schreien: „Hab ich dir das erlaubt? Ich hab dir gesagt, dass du den Tisch abräumen sollst!"

„Und ich hab dir gesagt: keine Zeit", schreit Janina zurück. „Geh, du störst hier! Nerv nicht wieder!"

„Dann räume den Tisch ab!"

„Warum ich?"

„Weil du da gerade gegessen hast!"

„Ja und, sonst räumst du doch auch ab!"

„Ja, ich hab dir aber gesagt, dass es ab heute anders ist. Ich bin nicht deine Dienerin."

„Ich mach's später. Lass mich jetzt in Ruhe!"

„Entweder du räumst jetzt ab oder du darfst bis zum Ende der Ferien nicht mehr an den Computer!"

„Verbiete mir doch alles."

„Ich zähle bis drei: eins… zwei…"

„Warte! Ich muss eben antworten!"

„Drei!"

Die Mutter steht auf und zieht den Hauptstecker aus der Steckdose, rollt das Kabel auf und nimmt es in die Küche.

„Spinnst du!", schreit Janina verblüfft, „du kannst doch nicht einfach das Kabel nehmen?"

„Ich hab dich gewarnt."

Janina steht auf, räumt den Tisch ab und sagt ihrer Mutter, dass sie ihr das Kabel wieder geben soll. Die Mutter verneint und weist ihre Tochter darauf hin, dass das die logische Konsequenz ist: Janina hat es so gewollt. Der Computer wird erst Ende der Ferien wieder angeschlossen.

Am Tag darauf ereignet sich eine ähnliche Situation, welche mit dem Fakt endet, dass die Mutter Janinas Antennenkabel wegnimmt, und diese nunmehr bis Ende der Ferien auch kein Fernsehbild mehr in ihrem Zimmer empfangen kann.

Nach einer weiteren Eskalation fragt Janina ihre Mutter: „Und? Was willst du jetzt noch machen? Hast mir ja schon alles weggenommen?"

„Ich will, dass du endlich auf mich hörst."

„Und was wirst du machen, wenn ich es nicht tue?"

„Wirst du dann schon sehen!"

„Was denn? Hast mir doch schon alles genommen, was wichtig ist."

In den restlichen Ferientagen gab es kaum eine friedliche Minute zwischen der Mutter und der Tochter. Nach jeder Aufforderung erwiderte das Mädchen, dass es eh nicht mehr schlimmer werden kann, und die Mutter verlängerte die Medien freie Zeit.

Wenn diese Situation unter die Lupe genommen wird, werden diverse aus dem Alltag bekannte Komponenten sichtbar.

Im Weiteren wird nicht auf die gesamte Interaktion zwischen Mutter und Tochter eingegangen, auch wenn es ein sehr repräsentativer Fall sein mag und die Situation nicht aus dem Alltag geboren wurde, sondern sich über viele Jahre zu dem entwickelt hat, was sie nunmehr ist. Hier wird auf nur einen einzigen Fakt eingegangen: die Mutter hat sich in ihrem Wunsch, ihrer Tochter ihre Grenzen aufzuzeichnen, selbst handlungsunfähig gemacht. In dem Augenblick, in dem der Tochter alles verboten wurde, nahm die Mutter sich jeglichen Spielraum und konnte ihrer Tochter nichts mehr bieten.

Auch wenn diese Methode nicht dem Grundgedanken, der hier vertreten wird, entspricht, so ist es ratsam zu wissen, dass Eltern, die auf diese Methode im Umgang mit den Kindern zurückgreifen wollen sie sich einen Ausweg frei halten sollten, und die Möglichkeit zur Veränderung nicht durch Kategorisierung und Radikalisierung verbauen.

Wenn mit Strafen oder sogenannten Konsequenzen gehandelt wird, müssen immer zeitlich beschränkte und überschaubare Grenzen gesetzt werden, so dass die Kinder wissen und absehen können, wann sie vorbei sind. Es empfiehlt sich, entsprechend des emotionalen Entwicklungsalters des Kindes immer nur kurze Zeitspannen anzuberaumen.

Ein noch wesentlich wichtiger Aspekt ist jedoch das Einräumen der Möglichkeit zur Wiedergutmachung.

▸ *Alternativen*

Die Mutter geht liebevoll auf ihrer Tochter nach dem Entfernen des Steckers zu und sagt ihr: „Ich habe dir den Stecker für den Computer weggenommen, weil du nicht aufgeräumt hast. Wenn du mir jetzt deinen guten Willen zeigst, deine Sachen wegräumst und dann

auch noch das Geschirr in der Küche in die Spülmaschine räumst, be-
kommst du das Kabel wieder."

Diese Art zu erpressen ist nicht die optimale. Aber leider lassen sich nicht alle Eltern, Lehrer/innen und Erzieher/innen davon überzeugen, dass ein Erziehungsprozess auch ohne Strafen und Konsequenzen möglich ist.

Wer also im Erziehungsprozess nicht auf Konsequenzen und Strafen verzichten und aufgrund der Überforderung beibehalten möchte, sollte diese einzige Alternative beherzigen. Auf jeder Peitsche, die Strafe oder die Konsequenz, folgt das Zuckerbrot, die Wiedergutmachung. Es hat zwar keinen langwierigen Lerneffekt, entspannt aber aktuelle Situationen.

11 Geduld

Erwachsene Menschen, vor allem Eltern, Lehrer/innen und Erzieher/innen sollten nie vergessen, dass Kinder nicht erwachsen sind, und dementsprechend auch noch nicht die Fähig- und Fertigkeiten von Erwachsenen haben. Sie sind auf erwachsene Menschen angewiesen. Sie benötigen diese auch, damit sie ihnen Aufgaben zur Erfüllung übertragen und ihnen Zeit für die Ausführung zugestehen. In der spielerischen Behutsamkeit entfalten Kinder ihre Fähig- und Fertigkeiten nur dann, wenn sie sich sicher sind, dass ihnen ihre Bindungspersonen schützend zur Seite stehen und sie jederzeit auffangen, um den aufkommenden Frust oder die entfachte Freude zu verarbeiten. Hierzu gehören eben auch die Zeit, die den Kindern gegeben wird, und die Geduld, die die Erwachsenen aufbringen, um Lernprozesse durch Herantasten zu ermöglichen.

Erwachsene sind aber häufig ungeduldig. Sie nehmen sich nicht die Ruhe und geben den Kindern nicht die Zeit, die eine Handlung, durch Kinderhand durchgeführt, benötigt. Es geht hier nicht um die eine oder andere legitime Ausnahme, wo der Zeitdruck Eltern dazu zwingt, ihren Kindern die Socken und die Schuhe selber anzuziehen, weil der Arzttermin z.B. naht, sondern um eine Herangehensweise, die die gesamte Interaktion dominiert. Um die Handlungen dann schnell erledigt zu haben, übernehmen die Erwachsenen diese. Die Kinder lernen daraus zweierlei. Erstens, dass sie es nicht können, weil sie dazu nicht in der Lage sind, und dass ihnen etwas fehlt, und sie nicht in Ordnung sind. Sie lernen so nicht, auf ihre Fähigkeiten zu vertrauen und im Endeffekt auch nicht, sich auf sich selbst zu verlassen. Zweitens lernen die Kinder aber auch, dass sie es nicht nötig haben, die entsprechenden Handlungen zu lernen, da stets ein Erwachsener präsent ist, welcher diese Handlung für es übernimmt.

> **Die Ungeduld der Eltern und die daraus resultierende Handlungsübernahme stehen dem Lernprozess der Kinder im Weg.**

Ein altes, sehr zutreffendes chinesisches Sprichwort lautet: „Wir müssen dem Gras beim Wachsen zusehen!". Im täglichen Leben mit den Kindern merken Eltern die Veränderungen und die Reifung der Kinder nicht. Sie leben in den Tag hinein und betrachten das Fließende, als sei es stagniert. Zu einem Zeitpunkt wird auf einmal erkannt, welche Fortschritte die Kinder gemacht haben, und die Eltern fragen sich dann, wie das auf einmal alles möglich ist.

Würde es nicht wesentlich mehr Spaß machen, wenn die Eltern jeden Entwicklungsschritt bewusst mitverfolgen? Hierzu bedarf es einer geduldigen Betrachtung.

Wenn Kinder etwas lernen, brauchen sie viel Zeit und sanfte Unterstützung von ihren Eltern oder anderen Bezugspersonen, denen sie vertrauen und die ihnen Vertrauen schenken. Wenn die Eltern, Lehrer/innen oder Erzieher/innen den Kindern kein Vertrauensvorschuss schenken, und ihnen mit Zuversicht den Erfolg zusichern, werden die Kinder nicht befähigt, sich das Vertrauen selber zu schenken. Erst durch das Vertrauen der Eltern oder der anderen Bezugspersonen in die Fähigkeiten der Kinder, bauen diese das Vertrauen in die eigenen Fähigkeiten auf, und fangen an zu experimentieren. Hierzu gehört auch die Möglichkeit zu scheitern. Denn jeder Lernprozess wird von Fehlern begleitet. Nur das Kind, dem erlaubt wird, Fehler zu machen, kann lernen. Es benötigt die Sicherheit seiner Eltern und der anderen Bezugspersonen und das Wissen, dass es zu ihnen gehen kann, wenn es versagt. Es muss wissen, dass es dort getröstet wird. Geduldige Eltern bringen die entsprechende Ruhe auf und geben dem Kind somit die benötigte Sicherheit.

> **Die Geduld der Eltern erlaubt den Kindern, Fehler zu machen und gibt ihnen somit auch die Gelegenheit zu lernen.**

Ein weiteres chinesisches Sprichwort sagt: „Das Gras wächst nicht schneller, wenn wir daran ziehen!" Auch dieses ist sehr zutreffend, da erwachsene Menschen versuchen können, das Lernen so stark zu forcieren, wie sie wollen, ein Ziel wird dadurch nicht erreicht, im Gegenteil, die Ungeduld und das Drängen der Eltern werden die Kinder nur hemmen und zu einem gegenteiligen Ziel führen.

Damit ein Lernprozess erfolgen kann, bedarf es unterschiedliche Lernschritte. Diese Schritte müssen nacheinander ablaufen. Wenn den Kindern die benötigte Zeit nicht gegeben wird, alle Versuchsschritte zur unternehmen, kann der Lernprozess nicht nachhaltig erfolgen. Die Kinder entwickeln so ein negatives Selbstbild, welches vom Versagen geprägt ist.

Eine weitere negative Auswirkung dieses ungeduldigen Verhaltens besteht darin, dass die Kinder dadurch lernen könnten, dass sie es ihren Eltern nie recht machen können, und dass alles, was sie machen, verkehrt ist. Ihr Bestreben wird es sein, den Erwartungen der Eltern und anderer Bezugspersonen gerecht zu werden. Sie werden sich unter Umständen ihr Leben lang danach sehnen, ihren Eltern zu gefallen, ihre Anerkennung zu erlangen und es ihnen recht zu machen, ohne dass es ihnen je gelingen wird, da sie selber nicht daran glauben.

Geduldige Eltern drängen ihre Kinder nicht, sondern erlauben ihnen, die Lernprozesse schrittweise zu gestalten.

---

12 Vorgaben machen, keinen Vertrag aushandeln

Eine der Altlasten freier pädagogischer Gedanken ist die Gewohnheit, Verhaltensverträge mit den Kindern zu schließen. Hierbei handelt es sich um den Wunsch, nicht autoritär aufzutreten. Die freie Pädagogik ist seinerzeit eine Reaktion gegen die Autoritäten gewesen. Und in dem Stil möchten, vor allem Pädagogen, nicht in die Vorzeit fallen und keine nicht zu diskutierenden Vorgaben machen, sondern hegen den Wunsch nach zwar angepasstem, aber freiem Handeln der Kinder. Über dieses Paradoxon ist bereits genug gesagt worden, deshalb wird es hier nicht erneut ausgebreitet. Wäre das Erstellen von Verhaltensverträgen auf Kinder im späten pubertären Alter beschränkt, könnte es unter gewissen Umständen noch verstanden und akzeptiert werden. Da sich diese traditionsreiche Institution aber schon in Kindergärten und Grundschulen etabliert hat, bedarf es hier einer näheren Betrachtung des Geschehens, um zu evaluieren, ob solche Verträge ihr Ziel erreichen und zu einer positiven Entwicklung der Kinder beisteuern oder nicht.

Hier besteht, wie in anderen Orten bereits festgehalten, der dringende Differenzierungsbedarf zwischen zwei Ebenen: der kognitiven und der affektiven. Ohne die Unterscheidung zwischen dem Denken und dem Fühlen der Kinder wird es nicht gelingen, die Funktionsweisen und vor allem die Sinnesleere eines Verhaltensvertrages zu begreifen.

Bevor fortgefahren wird, besteht die Notwendigkeit, erst

einmal zu definieren, was ein Vertrag ist, wie Vertragspartner auszusehen haben und wozu er geschlossen wird.

In diesem Sinne ist ein Vertrag eine Übereinkunft, die das soziale Verhalten durch eine gegenseitige Selbstverpflichtung regeln soll. Dieser darf nur freiwillig geschlossen werden, ansonsten könnte nicht die Rede von einer Selbstverpflichtung sein. Die Inhalte des Vertrages müssen von den jeweiligen Parteien gleichermaßen verstanden werden, damit zukünftiges Verhalten entsprechend koordiniert werden kann und es keinen Raum für persönliche und somit unterschiedliche Auslegung gibt. Es beinhaltet auch, dass die jeweiligen Parteien einen ähnlichen Reflektions- und Wissensstand haben, und in der Lage sind, den Vertrag rational zu erfassen und die emotionale Tragweite der Inhalte einzuschätzen.

Da ein solcher sozialer Vertrag eine Selbstverpflichtung darstellt, wird vorausgesetzt, dass die betreffenden Parteien mündig sind und in den Vertragsgegenständen entsprechend für sich selber sprechen können und dürfen. Ferner wird eine entsprechende Autonomie und Verfügungsberechtigung vorausgesetzt.

> Ein Verhaltensvertrag regelt auf freiwilliger Basis das Zusammenspiel mehrerer Menschen. Häufig werden Verträge mit Kindern ausgehandelt und abgeschlossen.

Die Analyse dieser Definition zeigt, warum es als absurd betrachtet werden kann und muss, einen Vertrag zwischen Erwachsene Menschen und Kindern oder zwischen Kindern abzuschließen.

Als erstes wird die Freiwilligkeit eines solchen Vertragsabschlusses in Frage gestellt. In den meisten Situationen sind es die erwachsenen Bezugs- oder Betreuungspersonen, welche dem Kind sagen, dass es so nicht weiter gehe, und dass dringender Handlungsbedarf notwendig sei. Moralisierend wird auf das Kind eingeredet, mit dem Hintergrund, es zu einem Begreifen zu überreden, sich aus freien Stücken zu ändern und angepasst zu verhalten.

In wiederum andern Situationen wird nach dem angestrebten Vertragsabschluss in Aussicht gestellt, etwas machen zu dürfen oder etwas zu bekommen. Der Vertrag gilt hier als eine Umbenennung oder Umschreibung des bereits erwähnten Wenn-dann-Prinzips und stellt somit die Freiwilligkeit in Frage.

Vor allem, wenn dann noch beachtet wird, das Kinder, wie bereits mehrfach erwähnt, nur auf eine direkte Bedürfnisbefriedigung aus sind, ist zusätzlich zu ihrer „Freiwilligkeit" auch noch die Weitsicht und die Tragweite der Vereinbarungen unter diesem Aspekt zu betrachten. Die Kinder willigen nicht aufgrund einer rationalen Überzeugung in die Vertragsbedingungen ein, sondern aus einem Gefühl des Das-will-ich-Aber.

Wenn Kinder gezwungen werden, um etwas zu erreichen, einen Vertrag abzuschließen, stellt dieses die Sinnhaftigkeit des Vertrages und die Freiwilligkeit der Kinder in Frage.

Nun zum Verstehen des Vertragsinhaltes und zu den unterschiedlichen Auslegungen. Als erstes bedarf es hierfür ausgereifte kognitive Fähigkeiten, was bedeutet, dass die Ausführungen von den Erwachsenen kindgerecht dargelegt werden müssen, damit diese die gesamte Tragweite der Vertragsgegenstände auch erfassen können. Und trotzdem bleiben, je nach Alter des Kindes, diverse Dimensionen für das kindliche Denken nicht nachvollziehbar und inhaltliche Auslegungen können und werden differenzieren. Vor allem sind die kognitiven Fähigkeiten nicht von den emotionalen Empfindungen zu trennen, und die Kinder werden danach immer nach folgendem Schema antworten: „Ach, das wusste ich nicht…"

Und zum guten Schluss sollte nochmal ausführlich auf die Selbstverpflichtung der Kinder eingegangen und die Frage, wozu sich Kinder selbst verpflichten, wenn sie einen solchen Vertrag unterzeichnen, gestellt werden. Die mittlere und weit entfernte Zukunft, welche in so einem Vertrag geregelt werden soll, ist für Kinder, vor allem jüngere, nicht existent und kaum vorstellbar. Also verpflichten sich Kinder höchstens für den Augenblick, für das „Jetzt", in dem sie leben. Somit gestalten sie damit weder ihre Beziehungen zu den anderen Menschen (was über die Gegenwart hinausgeht) noch ihre zukünftigen Verhaltensmuster.

> **Oft verstehen die Kinder nicht, was die Erwachsenen mit ihren Ausführungen im Vertrag meinen, und haben ein völlig anderes zeitliches Verständnis, und betrachten nur den momentanen Augenblick als existent.**

Ein weiterer, häufig nicht beachteter Punkt bei den Verhaltensverträgen betrifft seine Gegenstände und die Inhalte. Diese sehen in den meisten Fällen so aus, dass die Kinder sich verpflichten, etwas von den Erwachsenen Gewolltes zu machen und etwas von denselben Unerwünschtes zu unterlassen. Es ist also eine umbenannte Liste von Verhaltensregeln, womit dem Kind nur suggeriert werden soll, es könne sich freiwillig entscheiden und sogar mit entscheiden. Da dieses aber nicht der Fall ist, wird dem Kind hiermit eher seine Ohnmacht aufgezeigt, ohne ihm dabei klare Vorgaben zu machen.

> **Was als Vertrag getarnt wird und augenscheinlich auf dem Prinzip der Mitbestimmung ruht, ist in den meisten Fällen ein umbenannter Regelkatalog, ohne dass die Kinder ein reales demokratisches Mitspracherecht haben.**

Sunny ist ein dreizehnjähriger Junge. Er spielt gerne mit einem zweieinhalb Jahre jüngeren Freund Lennert und seinem Nachbarn Mario. Marios Familie ist zerrüttet und sein Verhältnis zu seiner Mutter nicht immer positiv, und sie stellt für ihn keinen sicheren Anlaufpunkt dar, er kann sich nicht auf ihren Rückhalt verlassen. Wenn die Mutter über ihren Sohn erzählt, beschreibt sie ihn als „Katastrophe" und als „ein stark verhaltensauffälliges Kind". In der Schule ist Mario, wie nicht anders zu erwarten, sehr auffällig, schwänzt diese trotz seines jungen Alters häufig und lernt auch nicht.

Mario hat nie gelernt, Differenzen konfliktfrei auszutragen oder seine Konflikte friedlich zu lösen. Sobald er das Gefühl hat, in die Enge getrieben zu werden, erlebt sein Gegenüber einen aggressiven Ausbruch, der damit endet, dass er schreiend nach Hause rennt. Während eines aggressiven Ausbruchs haut und schlägt er um sich, nimmt auch nicht selten für ihn greifbare Gegenstände zur Hand.

Sein unkontrollierter Affekt und seine Wutausbrüche haben ihm den Status des „Opfers" unter seinen Freunden gegeben und für viel Spott gesorgt.

Eines Tages nahm er hierfür ein großes Küchenmesser und stach auf die zwei anderen Jungs ein, ohne sie zu treffen oder sie zu verletzen.

Als die Eltern von Sunny und die von Lennert hiervon hörten, verbaten sie ihren Söhnen, mit Mario zu spielen. Nach einigen Tagen war das Geschehene vergessen und die Kinder spielten wieder miteinander. Sunny und Lennert erzählten ihren Eltern regelmäßig von den Streitereien mit Mario, bis Lennerts Mutter den Kontakt verboten hat.

Als die Kinder ein paar Tage später miteinander spielen wollten, unterband Lennerts Mutter dieses, die Kinder jammerten und flehten ohne Erfolg.

Sunny hatte in einer der „pädagogisch wertvollen" Fernsehshows gesehen, dass es sehr hilfreich ist, einen Vertrag aufzusetzen, indem der Umgang der Jungs festgehalten wird. Lennerts Mutter war von dieser Idee und dieser Selbstverpflichtung begeistert. Somit wurde der Vertrag geschrieben, alle drei Jungen unterzeichneten und spielten miteinander. Eine halbe Stunde später stritten sich die Kinder in gewohnter Weise und wurden von den erwachsenen Bindungspersonen getadelt, weil sie sich nicht an ihrer Selbstverpflichtung gehalten haben.

Wie dargestellt, ist ein Vertrag in so einer Situation nicht hilfreich, auch wenn die Initiative von den Kindern selbst gekommen ist. Das liegt daran, dass Kinder, je jünger sie sind, im Hier und Jetzt verhaftet sind, und die Tragweite nicht überblicken können. Die Zukunft ist für die Kleinen eine unüberschaubare, weit entfernte Perspektive. In dem

Augenblick des Unterzeichnens sind die Kinder entsprechend ihrer Gefühlsebene von ihrer Aussage überzeugt, und ihr rationales Empfinden stimmt mit ihrem emotionalen Erleben überein. Sobald ihre Gefühlswelt aber ein anderes oder gar entgegengesetztes Signal aussendet, wird die Rationalität außer Kraft gesetzt und somit auch der Vertragsgegenstand. Deshalb kann die kindliche Selbstverpflichtung, auch wenn diese mit einer Unterschrift besiegelt wurde, in Affektsituationen die Kinder nicht umstimmen. Aus diesem Grund sind die klaren Ansagen und Absprachen notwendig, sie weisen den Kindern die Richtung, ohne dass diese auch noch zusätzlich ein schlechtes Gewissen haben und von den Erwachsenen als vertragsbrüchig getadelt werden.

Gleichermaßen verhält es sich, wenn die Eltern Ansagen und diese mit dem Satz beenden: „Hand drauf?" und dann ihre Hand dem Kind reichen, damit dieses sie schüttelt und damit einen mündlichen Vertrag, wie in den alten Zeiten der Ehre, besiegelt.

Hier wird nicht die Liste der Verhaltensregeln in Frage gestellt, sondern die Tarnung dieser Vorgaben in der Gestalt eines Vertrages.

Wir bereits deutlich wurde, wird alles als politisch korrekt angesehen, was den Kindern keine Vorgaben macht, da der fehlerhafte Irrglaube immer noch besteht, Vorgaben resultieren nur aus einer autoritären Erziehung. So entstanden Richtungen, die sich „partnerschaftliche Pädagogik" oder „demokratische Erziehungsstile" nannten. Diese Richtungen hatten den Anspruch, den Kindern die Freiheit in ihren jungen Jahren zu ermöglichen, welche die Erwachsenen selber in ihren Kinderjahren vermisst haben. Deshalb sind diese Erziehungsausrichtungen auch allesamt reaktiv, gegen den autoritären Umgang gerichtet. Mit diesen demokratischen oder partnerschaftlichen Richtungen kam leider nur der Wunsch zur Veränderung, der tatsächliche Paradigmenwechsel hat auf sich warten lassen. Sehr deutlich ist dieses in vielen der Kindergärten und der Schulen zu sehen. Es wird von einem demokratischen Erziehungsstil geredet, die Lehrkräfte erwarten aber trotzdem Disziplin, und die Kinder werden getadelt, wenn sie sich nicht freiwillig an den Anweisungen der Erzieher/innen oder der Lehrer/innen halten, ohne dass diese sie ihnen mitteilen. Bei den Verträgen verhält es sich genauso. Die Erwachsenen haben Verhaltensregeln und möchten, dass die Kinder sich an diesen Regeln halten, freiwillig versteht sich. Sie wollen, dass die Kinder sich angepasst verhalten, ohne dass sie sie dazu zwingen. Es werden Verträge ausgehandelt, in denen die Vorgaben als Selbstverpflichtung dargestellt werden[15].

Für die Ausgeglichenheit der Kinder ist es wichtig, ihnen klar darzulegen, was von ihnen erwartet wird und ihnen einen eindeutigen Rahmen zu stecken. Dieser Rahmen bietet, wie bereits mehrfach erwähnt, Sicherheit. Dieser Rahmen bietet aber nur dann Sicherheit, wenn er von sicherheitsgebenden Bezugspersonen, in erster Linie die Eltern, Erzieher/innen und Lehrer/innen, erstellt wurde.

---

[15] Leider wird mit dieser Art der Vertragsverhandlungen den Kindern ein verzerrtes Bild des demokratischen Handelns beigebracht und die langfristigen Auswirkungen auf einem demokratischen Miteinander können verheerend sein, wenn sie es nicht schon sind. Aufgrund der Demokratie werden Versprechen gemacht, welche nach den Wahlen nicht eingehalten werden.

Den Kindern im Gegenzug dazu die Verantwortung dafür zu übertragen oder sie in die Verantwortung mit einzubeziehen, damit sie ihren eigenen Rahmen komplett eigenständig ohne die Hilfe der Bezugspersonen gestalten, kann zu einer Verunsicherung, welche wiederum Angst auslösend wirkt, führen. Die Kinder fühlen sich allein gelassen und es kann erneut kompensierendes Verhalten hervorgerufen werden.

Verhaltensregeln und Absprachen sind notwendig und sollten von den Eltern, Erzieher/innen oder Lehrer/innen aufgestellt werden. Dann bieten sie den Kindern Halt und Sicherheit. Wenn die Kinder diese selber aufstellen, bieten sie nicht immer, vor allem wenn die Kinder noch jünger sind, die gewünschte Sicherheit.

13 Kuscheln und viel Körperkontakt

Die primäre Kommunikationsmethode zwischen den Eltern und ihren Kindern sollte auf der körperlichen Ebene stattfinden (hiermit ist allerdings nicht die körperliche Züchtigung und Gewaltanwendung gemeint). Nicht nur weil Eltern weniger mit ihren Kinder diskutieren und nicht alles zerreden sollten, sondern weil der Körperkontakt das wichtigste Medium zur Verarbeitung der emotionalen Erlebnisse darstellt.

Schon früh wurde in der Psychologie von der „Kontakttröstung" gesprochen. Es bedeutet, dass die Kinder über den körperlichen Kontakt zu ihren Eltern getröstet werden.

> **Körperkontakt gibt den Kindern Wärme und Geborgenheit und hilft ihnen, ihre Emotionen zu verarbeiten.**

Kinder sind auf das Bedürfnis nach Körperkontakt vorprogrammiert. Vor mehreren hundert Jahren, wollte Friedrich II. (1194-1250) herausfinden, welche Sprache Kinder lernen, wenn ihnen keine vorgelebt und beigebracht wird. Aus diesem Grund nahm er mehrere Kinder ihren Müttern weg, gab sie Pflegerinnen und Ammen und befahl ihnen, sie nur zu füttern und zu waschen, auf keinen Fall mit ihnen zu kosen oder zu sprechen. Die Mühe war vergebens, weil alle Kinder starben, denn die Säuglinge, so wird zitiert, konnten ohne das Patschen, das fröhliche Grimassenschneiden und die Liebkosungen ihrer Ammen (Bezugspersonen) nicht leben.

> Kinder benötigen die soziale Interaktion und den Körperkontakt, genau wie sie Nahrung brauchen, um zu überleben.

Stellen Sie sich ein anderthalb bis zwei Jahre altes Kind vor, das beim Spielen hingefallen ist und anfängt zu weinen. Was machen die einfühlsamen Eltern in so einer Situation? Sie heben das Kind hoch, nehmen es in die Arme, geben ihm ein Küsschen, streicheln oder pusten, und sagen dabei: „Ist doch nicht so schlimm, ich bin doch bei dir". Das Kind hört nach kürzester Zeit auf zu weinen, es beruhigt sich schnell und macht sich auf den Weg, die Welt erneut zu erkunden und zu entdecken, es geht weiter spielen.

Jetzt stellen Sie sich das gleiche Kind mit dem gleichen Sturz noch einmal vor. Der Unterschied in dieser zweiten Situation ist nur, dass die Eltern das Kind tadeln und ermahnen, wenn es hinfällt: „Siehst du, das hast du davon. Hab ich dir nicht gesagt, dass du aufpassen sollst, aber du hörst ja nicht auf mich…" Dieses Kind wird sich nicht so schnell beruhigen oder beruhigen lassen wie das andere Kind. Es wird lange weinen und wird sich mit seinem Schmerz allein gelassen fühlen.

Der gleiche Sturz, der gleiche objektive Schmerz, nur unterschiedliche Verarbeitungsmodalitäten. In der zweiten Situation ist das Kind auf sich alleine gestellt. Beim ersten Mal hatte das Kind den beruhigenden Kontakt seiner Eltern. Dieser tröstende Körperkontakt ist die zu Beginn erwähnte „Kontakttröstung". Es ist nicht der objektive Schmerz allein, der das Kind bei einem Sturz zum Weinen bringt. Das gesamte Geschehen auf emotionaler Ebene ist hier wesentlich relevanter. Durch den körperlichen Kontakt verarbeiten die Eltern die Erlebnisse der Kinder stellvertretend für sie.

Diese Verarbeitung umfasst nicht nur negative Erlebnisse, sondern sollte auch die positiven mit einbeziehen. Viel Spaß und Freude sind ebenfalls starke Emotionen, die, wenn das Kind mit ihnen alleine gelassen wird, es überfordern.

Kinder benötigen ihre Eltern für weit mehr als nur die reine Versorgungsbeziehung. Auch die vor Jahren in Mode geratene Parole: „Kinder brauchen Grenzen" ist zwar nicht verkehrt, aber zu eintönig. Kinder brauchen nicht nur Grenzen. Vor allem aber benötigen sie Eltern, die sie halten und ihnen Sicherheit geben. Dieser psychische Halt wird über den körperlichen Kontakt vermittelt.

Wenn ein Kind gehalten wird, verspürt es Geborgenheit und Sicherheit, lernt aber dadurch auch seine körperlichen Grenzen kennen. Diese sind wichtig, wenn es um die Definition des eigenen Ichs des Kindes geht (wo fange ich an und wo höre ich auf).

Der Körperkontakt und das Gehaltenwerden geben den Kindern Sicherheit und zeichnen die Grenzen ihres Ichs auf, und helfen somit bei der Identitätsbildung.

14 Nicht tadeln

Kinder zu tadeln bedeutet, dass ihr Verhalten, ihre Handlung oder ihre Aktion negativ bewertet und beurteilt werden. Abgesehen davon, dass, wie oben bereits erwähnt wurde, häufig das Verhalten mit dem Verhaltenden vermengt wird und das Tadeln sich zu einem Angriff auf die Integrität wandeln kann, bringt dieses sehr bevorzugte Verhalten der Erwachsenen weitere problematische Aspekte mit sich. Es wird meistens sehr scharf kritisiert, mit dem Ziel, die Kinder zu den gewünschten, erhofften oder erwarteten Regeln und Normen zurückzuführen. Das anvisierte Ziel ist strebsam, der Weg aber häufig kontraproduktiv, da die getadelten Kinder in der Regel auch bloßgestellt werden. Und weil sie sich in einer hilflosen Position im Vergleich zur Machtposition der tadelnden Eltern befinden, erzeugt dieses Gefühl Wut und Resignation und generiert Trotzverhalten, was zu einer Verstärkung des unerwünschten Verhaltens führt.

Tadeln bzw. getadelt werden ist ein Verhalten, das in der Regel im Kindergarten oder in der Schule seinen Ursprung hat, das Elternhaus mit einbezieht und somit auf die Eltern übertragen wird. Für die Eltern stellt es ein bekanntes Phänomen dar, da diese sich an ihre eigene Kindheit erinnern, vor Augen haben, wie sie selbst getadelt und bloßgestellt wurden und der weit verbreitete Satz: „Hat uns ja auch nicht geschadet!" dominiert, obwohl er nur die Abwehrreaktionen und den Verdrängungsmechanismus spiegelt.

Es ist bereits beschrieben worden, wie die Eltern bei einem kindlichen Fehlverhalten von der Schule miteinbezogen werden. Beim „Getadelt-Werden" oder „dem Tadeln" ist dieses Phänomen besonders ausgeprägt. Die sich sorgenden, aber auch persönlich betroffenen Eltern lassen sich hier von den Institutionen mit einbeziehen, übernehmen das tadelnde Verhalten und verstärken dieses häufig um ein Vielfaches. Die Bloßstellung wird maximiert und die negative Botschaft: „Du bist nicht okay!" kommt geballt beim Kind an.

> **Mit dem Tadeln wird versucht, an die Normen, Werte und Regeln zu erinnern, um die Kinder dorthin zurückzuführen. Die Gefahr dabei ist die Bloßstellung der Kinder und mit ihr die Vermittlung eines negativen Selbstbildes im Sinne von: „Du bist nicht okay!"**

Da die Bloßstellung im Kindergarten oder in der Schule besonders ausgeprägt ist und die Kinder hierdurch in der Regel eine Entwertung erleben, sorgt das elterliche Verhalten hier nicht dafür, dass die Kinder aufgefangen und getröstet werden, sondern vermittelt ihnen das Gefühl, dass sie es nicht wert sind, getröstet zu werden, und dass die Entwertenden mit ihren Anmaßungen im Recht sind.

Nur wenn die Kinder aufgefangen werden, erfolgt eine Linderung des erfahrenen Leids, und hierdurch kann später auch eine Verhaltensänderung erfolgen. Durch die Bloßstellung und die damit verbundene Entwertung entsteht bei den Kindern ein innerer Konflikt, dessen Hauptziel darin besteht, dass die Kinder ihr Existenzrecht verteidigen und sich umso mehr an dem halten, was sie haben und sind. sie werden also ihre Verhaltensweisen weiterführen und verstärken. In vielen Situationen ist die Einbeziehung der Eltern aber so extrem und ausgeprägt, dass diese überfordert und somit nicht mehr in der Lage sind, ihren Kindern beizustehen und das bei ihnen aktivierte Bindungsbedürfnis adäquat zu bedienen. Sie stehen ihnen somit auch nicht als tröstende, schmerzlindernde Bindungsperson zur Verfügung.

*„Frau Marsani, Sie müssen sofort Ihren Sohn abholen! Das was **Sie** an Erziehung versäumt haben, können wir hier in der Schule nicht nachholen!", schrie eine tiefe Baritonstimme die sprachlose Frau an. Zitternd zog sich Frau Marsani an, stieg in ihr Auto und fuhr in die Schule. Als sie dort ankam, empfing sie der Schulleiter und donnerte: „Der Liam sitzt um die Ecke, den können Sie direkt mitnehmen. Hier muss gelernt werden, was Sie zuhause an Erziehung versäumt haben, können wir nicht nachholen!" Noch verunsicherter als zuvor ging die Frau zu ihrem Sohn und herrschte ihn an: „Und? Was hast du gemacht? Komm, lass uns nach Hause gehen, wir reden später!" Der aufgelöste und völlig verheulte Junge stand auf und trottete hinter seiner Mutter her.*

Als sie zuhause ankamen, schickte Frau Marsani Liam in sein Zimmer und sagte: „Überleg genau, was du gemacht hast, dann erzählst du es mir!" Sie überließ ihn sich selbst und rief ihren Mann an und erzählte ihm die Geschichte. Danach ging sie ins Zimmer und schrie ihren Sohn an: „Was hast du gemacht?"

„Nichts ehrlich, hab nur gespielt." Und die Tränen strömten über sein Gesicht. Die Mutter hielt eine der typischen Eltern-Berg-Predigten, ermahnte und tadelte ihren Sohn.

Als eine Stunde später Herr Marsani nach Hause kam, wiederholte sich die Szenerie. Geschrei, Gebrüll, die Frage, was der Junge gemacht habe, und Tadel, Tadel, Tadel.

Stunden später erfuhren die Eltern, was vorgefallen war, als andere Eltern aus der Klasse anriefen und nachfragen wollten, was vorgefallen sei, weil ihre Kinder ihnen berichtet hatten, dass der Schulleiter den Liam geschlagen habe.

Nach dem Turnunterricht hatte der aufgeweckte, selbstbewusste, und zur Freiheit erzogene Liam keine Lust gehabt, sich an die Regeln zu halten und sich in die Reihe zu stellen. Er spielte daneben. So wie er es gesagt hat. Er hat gespielt. Der den Turnunterricht gestaltende Schulleiter ermahnte ihn mehrfach, wovon sich der Junge aber nicht beeindrucken ließ. Er nahm ihn und drückte ihn an die Wand und tadelte ihn schreiend. Völlig verängstigt und aufgelöst fing der Junge an zu schreien und sich zu wehren. Der Schulleiter steigerte sich ebenfalls in das Geschehen hinein und gab dem Jungen eine Ohrfeige, stellte ihn vor der Klasse bloß und tadelte ihn lautstark, ihn an die Ordnung und Regeln der Schule erinnernd.

Als die Eltern dieses hörten, konnten sie ihre Tränen nicht bremsen, entschuldigten sich bei ihrem Sohn und waren am nächsten Tag bei dem Schulleiter, um ihn in seine Schranken zu weisen.

Den angerichteten Schaden konnten die Eltern aber nicht ohne weiteres beheben. Hier sind unterschiedliche, bereits erwähnte Phänomene, die aufeinander treffen. Wie sich die Eltern haben einbeziehen lassen, wie sie es persönlich genommen haben und sich verteidigen wollten, um sich als „gute Eltern" darzustellen, soll hier nicht erneut behandelt werden. Hier geht es um das Tadeln, welches bloßstellt.

Abgesehen von der angewandten körperlichen Gewalt, die in den heutigen Schulen nie stattfindet, besteht die Möglichkeit, diese Szene lebhaft vor Augen zu führen, und den Schulleiter, dann die Eltern sehen, wie sie auf das Kind einreden, ihm aufzeigen, was es falsch gemacht hat und wie es richtig gewesen wäre.

Der Sachinhalt der gemachten Aussagen kommt beim Kind nach einigen Minuten, wie bereits erwähnt, nicht mehr an. Was ankommt, ist die an das Kind übertragene Botschaft, dass es nicht okay ist, und dass es, solange es sich nicht so verhält, wie die Autoritätspersonen es gerne hätten, es auch nicht geliebt wird.

Der Schulleiter und die Eltern spiegeln dem Kind, dass ihr eigenes Verhalten richtig ist, dass alles, was sie machen, einen hohen Wert hat, und was es hingegen macht, ist alles inakzeptabel und wertlos. Kurios an der Angelegenheit ist, dass das Kind intuitiv weiß, dass es sich genauso verhält wie die Erwachsenen und deshalb nicht nachvollziehen kann, was diese ablehnen. In seiner aufbrausenden Impulsivität passte sich der Liam dem Verhalten des Schulleiters an, nur dass der Erwachsene machen darf, was er möchte und das Kind getadelt wird.

Hier hätte das Kind von den Eltern aufgefangen werden müssen. Liam hat ein einschneidendes Erlebnis in seinem Leben erlebt, und war emotional nicht in der Lage, es zu begreifen oder zu verarbeiten. Er war so angegriffen, dass er sich nicht getraut hat, von seinem Erleben zu berichten. Er fühlte sich schuldig und vor allem fühlte er sich allein.

> Eltern dürfen das Tadeln der Institutionen (Kindergarten/ Schule) nicht übernehmen. Ihre Aufgabe ist es, ihren Kindern zur Seite zu stehen, sie aufzufangen und ihnen bei der Verarbeitung der negativen Gefühle behilflich zu sein.

Wenn Kinder regelmäßig für ihr Verhalten getadelt werden, entwickelt sich bei ihnen erst ein dauerhaftes schlechtes Gewissen, dann setzt ein Gewöhnungsaspekt ein. Durch das wiederholte Hören der gleichen Worte verlieren diese ihren Sinn auf der einen Seite, die Kinder lernen aber auf der anderen Seite auch, sich zu schützen und lassen sich von diesen Worten nicht mehr berühren. Dieses Phänomen ist auch bekannt als „Abstumpfen". Die ausgesprochenen Tadel erreichen die Kinder nicht mehr und haben keinen Einfluss auf die direkten Handlungen. Sie hinterlassen jedoch ihre Spuren bei ihnen und beeinflussen das Bild, welches die Kinder von sich selbst und ihrer Wertigkeit haben. So besteht die Gefahr, dass sich durch das regelmäßige Tadeln bei den Kindern ein negatives Selbstbild entwickelt.

Tina ist ein sieben Jahre altes Mädchen und in ihrer Klasse dafür bekannt, dass sie immer schuldig ist. Egal, was passiert, sie wird als erste beschuldigt, alle Blicke ruhen sofort auf ihr, und wenn sie es abstreitet, wird ihr nicht geglaubt. „Du darfst der Daniela das Blatt nicht verknicken!", sagte die Lehrerin, „Es ist nicht schön, wenn du das machst. Möchtest du, dass Daniela dein Blatt verknickt?"
„Nein, das will ich nicht."
„Und warum hast du es dann gemacht?"

„Das wollte ich nicht! Es ist aus Versehen passiert."

„Erzähl mir jetzt keine Märchen! So etwas passiert nicht aus Versehen. Wolltest du ihr das Papier vielleicht wegnehmen und es für dich haben? Du weißt doch, du darfst den anderen nicht immer alles wegnehmen."

„Ich wollte ihr doch nichts wegnehmen."

„Ich finde es nicht in Ordnung, dass du nicht einmal jetzt zugibst, was du gemacht hast."

„Okay, ich entschuldige mich. Ich mache es nie, nie wieder."

Das Kind leiert einen gelernten Satz herunter und beendet das Gespräch. Dass die ausgesprochene Entschuldigung inhaltsleer ist, steht wohl außer Frage. Tina wird aufgrund dieser wiederholten Ermahnungen ihr Verhalten nicht ändern, schließlich erlangt sie durch dieses Tadeln keine neuen Erkenntnisse, erfährt aber eine erneute Ablehnung und mit ihr einhergehend eine Bindungsunsicherheit. Sie ist bereits stark abgestumpft und hat sich unter Umständen sogar in ihr schützendes Schneckenhaus zurückgezogen. Sie kann von der Umwelt nicht noch mehr beschädigt werden, wenn sie nichts an sich heranlässt. Tina hat leider das negative Selbstbild, das ihr vermittelt wurde verinnerlicht. Sie identifiziert sich mit der Rolle der „Bösen" und der „Schuldigen" und wird ihr Verhalten auch in Zukunft darauf ausrichten, dass sie beschuldigt wird. Es scheint für sie die einzige Möglichkeit zu sein, Beachtung zu finden, sich also existent zu fühlen. Sie wird sich den Erwartungen anpassen und sich wie ein „böses Mädchen" oder eine „Schuldige" verhalten.

> Durch wiederholtes Tadeln verliert dieses seinen inhalt-
> lichen Sinn, die Kinder stumpfen ab und erlangen ein
> negatives Selbstbild und das unerwünschte Verhalten
> wird verstärkt.

Es gibt Situationen, in denen können Eltern ihren Kindern
nur helfen, wenn sie schweigend und tröstend für sie da sind,
und ihnen das Erlebte so gut es geht erklären.

Leandra ist ein dreizehn Jahre altes Mädchen. Mitten in der Puber-
tät vergehen nicht selten Tage, an denen das Mädchen nicht nur die
Welt, sondern auch sich selbst nicht versteht. Das sonst aufgeweckte
und kluge Mädchen brachte mehrere schlechte Noten nach Hause.
Diese schlechten Noten waren für sie Strafe genug. Sie war zutiefst
getroffen. Ihre Mutter sah sich dennoch in der Pflicht, sie zu ermah-
nen: „Ja, Fräulein, nicht immer nur Internet und in die Stadt gehen."
„Ja, aber das ist alles so schwierig."
„Das will ich alles nicht hören, wenn du arbeitest, kannst du es. Du
musst aufhören, herumzuspinnen. Das Leben besteht nicht aus
Schuhen und Nagellack."
„Aber ich mach doch ..." Das Gespräch zog sich so weiter, ohne ein
positives Ergebnis mit sich zu bringen. Ein paar Wochen später kam
ein Anruf von der Schule, und den Eltern wurde mitgeteilt, dass Lean-
dra ihre letzte Mathearbeit nicht hat unterschreiben lassen. Sie woll-
te die „Mangelhaft" ihren Eltern nicht zeigen.

Das Tadeln der Eltern hat dazu geführt, dass Leandra sich
nicht aufgefangen fühlen konnte. Sie ist mit ihren Proble-

men allein, und von ihren Bindungspersonen im Stich gelassen worden. Anstelle des einfühlsamen Auffangens gab es zum Frust noch ein Tadel hinzu. Sie ging beim nächsten Mal nicht mehr zu ihren Eltern, weil sie nicht darauf vertraute, ihre Bindungspersonen für sie vorzufinden. Sie haben ihr nicht geholfen und sie glaubte auch nicht mehr, dass sie ihr helfen würden, die negativen emotionalen Erlebnisse zu verarbeiten. Sie hat aufgehört, ihren Eltern zu erzählen, was in der Schule passiert, ist mit ihren Erlebnissen allein und kann die aufgestaute Emotionalität nicht kommunikativ mit Hilfe ihrer Eltern verarbeiten.

► **Alternativen**

Einer der Eltern hätte in so einer Situation dieses Mädchen wortlos in die Arme schließen müssen und ihr erlauben zu weinen. Dabei hätte sie gehalten und gedrückt werden können und eventuell hätte sie über den Kopf gestreichelt werden können.

Danach hätte ihr gesagt werden können, dass alles nicht wirklich schlimm ist, dass eine schlechte Note nichts Weiteres als eine Mitteilung ist, dass es etwas ändern muss, und dass die Eltern das Kind, egal, ob es in der Schule versagt oder nicht, lieb haben.

Diese Botschaft fehlte im Verhalten von Leandras Mutter. Sie war in dem Augenblick, indem sie diese am dringendsten benötigt hat, nicht da. Die wichtigste Aufgabe der Eltern besteht darin, ihren Kindern zu sagen: „Und ich mag dich doch! Ganz gleich, was passiert!"

Bei einem Fehlverhalten ist es kontraproduktiv, das Kind zu tadeln, da es sich sonst allein gelassen fühlt. Die Bezugspersonen sollten tröstend zur Seite stehen und ihnen die Botschaft geben, dass es trotz allem immer geliebt wird.

15 Belohnungen und Strafen nützen nichts

Eltern haben, wie schon oft beschrieben, gelernt, ihren Kindern keine Vorgaben zu machen. Sie wollen nicht in die Kategorie „autoritäre Eltern" fallen, und versuchen, sich entsprechend den medial verbreiteten Wahrheiten politisch korrekt zu verhalten. Sie versuchen alles Mögliche, um ihre Kinder doch zu überreden, „aus der Vernunft heraus" das Richtige zu machen. Da die Kleinen aber nicht Vernunft gesteuert sind, erreichen Eltern trotz intensiver Bemühungen, wie wir bereits mehrfach gesehen haben, selten das erhoffte Ziel.

Alternativ oder als einziger Ausweg schleichen sich kleine und große Bestechungen ein. Hier werden die kleinen Belohnungen absichtlich Bestechungen genannt, weil sie nichts anderes darstellen, auch wenn viele Pädagogen oder Psychologen, vor allem die verhaltenstheoretisch orientierten, dieses anders sehen. Diese Bestechungen ändern nichts an der Grundhaltung der Kinder. Sie stellen nur materielle Gaben dar, welche darauf hinzielen, dass Kinder eine Handlung entsprechend durchführen oder sie sein lassen. Die Verhaltensänderung, welche durch diese Bestechungen erfolgt, hält nur solange an, solange das Bestechungsangebot aufrecht erhalten bleibt. Diese Form der Belohnung wird hier aus diversen Gründen als Bestechung gewertet. Diese Belohnung ist kein Lohn, der nach getaner Arbeit entrichtet wird, weil keine Arbeit verrichtet wurde. Es ist kein Geschenk, weil es nicht bedingungslos gegeben wird, sondern an Bedingungen geknüpft wird. Es ist, aus welchem Winkel auch immer betrachtet, eine als Geschenk im Sinne einer Belohnung getarnte Bestechung. Sie wird nur Belohnung genannt, da sich diese Bezeichnung nicht nur besser anhört, sondern die Eltern, Erzieher/innen und Lehrer/innen erlangen dadurch nicht das Gefühl, eine politisch inkorrekte oder gar schädliche Handlung durchzuführen. Genau dieses ist aber der Fall: Langfristig gesehen ist diese Erziehungsmethode kontraproduktiv und schädlich.

Obwohl sie keine ist, da sie weder aus Dankbarkeit noch als Anerkennung gegeben wird, nehmen Eltern, Lehrer/innen und Erzieher/innen lieber diese Bezeichnung in Kauf, als die hier präsentierte. Den Kindern wird zur Ausführung einer Tätigkeit oder zum Unterlassen einer anderen, eine materielle „Belohnung" versprochen. Für die Eltern, Lehrer/innen und Erzieher/innen hat es danach den Anschein, als würden die Kleinen aus Überzeugung handeln. Es kommt ursprünglich aus der Verhaltenspsychologie, wo die Konditionierung einen großen Erfolg aufwies. Es wurde dann durch große namenhaften Denkern in die Kindererziehung eingeführt und dieser Teil des Konditionierens ist immer noch bei vielen Eltern, Lehrer/innen und Erzieher/innen verinnerlicht.

Vor allem bei Eltern, die sich sehr gut an ihre eigene Kindheit erinnern und aus diesen Erfahrungen heraus jegliche Art der Autoritätsäußerung als ein gewaltiges Eindringen und ein Beschränken der Freiheit des Kindes betrachten, freuen sich darüber, dass sie keine Gewalt anwenden müssen. Das Reagieren der Kinder wird fälschlicherweise als ein Verständnis bewertet, da es für die Eltern den Anschein hat, als habe das Kind aus der Vernunft heraus verstanden und begriffen, was die Eltern wollen und dieses auch noch verinnerlicht und dementsprechend gehandelt. Es entsteht der Eindruck, dass diese Herangehensweise optimal, und das erzieherische Einwirken auf die Kleinen gelungen sind.

Um den langfristigen Erfolg dieser Belohnungssysteme und damit einhergehend den Nutzen dieser Erziehungsmaßnahmen zu betrachten, muss gefragt werden, was passieren würde, wenn die Eltern von einem Tag auf den anderen die adäquaten Handlungen der Kinder als gegeben betrachten und diese nicht mehr belohnen würden. Wenn also die Kinder für ihr modifiziertes und angepasstes Handeln keine Bestechung in Form einer Belohnung erhalten würden. Die Erfahrung, was auch in diversen wissenschaftlichen Experimenten nachgewiesen wurde, hat eine traurige Realität ans Licht gebracht. Die Kinder werden wieder ihr eigenes lustorientiertes, auf die direkte Bedürfnisbefriedigung hinzielendes Verhalten an den Tag legen. Es ist traurig, weil die Eltern, Lehrer/innen und Erzieher/innen eine immense Enttäuschung erleben.

Genau das aber ist der langfristige und schädliche Entwicklungshemmungsprozess, den diese gewählten Belohnungssysteme in die Wege leiten. Es findet keine grundlegende Veränderung, keine Reifung auf der emotionalen Ebene statt. Die Haltung und Einstellung der Kinder sowie ihr emotionaler Entwicklungsstand werden in keiner Weise beeinflusst. Auch wenn sich die Kinder augenscheinlich verändert haben, weil ihr Verhalten angepasster wirkt, so haben sie in ihrer, das Handeln steuernden Einstellung nichts verändert: Sie agieren entsprechend der direkten Bedürfnisbefriedigung, nur dass diese Befriedigung nicht über das unangemessene Verhalten erfolgt, sondern über den Inhalt der Belohnungen.

Durch die verhaltenspsychologisch orientierten Belohnungsmodelle haben die Kinder die Grundstrukturen ihres Verhaltens nicht verändert, sondern sich nur für einen Zeitraum den Anforderungen angepasst. Dass die versprochene Belohnung, die in Aussicht gestellt wurde, ebenfalls auf eine direkte, also unmittelbare Bedürfnisbefriedigung der Kinder hingezielt hat, wurde in dieser Denksystematik nicht beachtet. Die erzielten Erfolge sind alle kurzfristig und bedürfen ein Fortfahren der Bestechungen und in nicht wenigen Fällen eine Steigerung, damit das Verhalten der Kinder weiterhin in den gewünschten Bahnen verläuft.

> **Eltern setzen das Belohnungssystem ein, um ihren Kindern einen Reiz zu bieten, da sie nicht autoritär sein wollen.**
> **Ferner wird die emotionale Reife der Kinder durch die Belohnungssysteme nicht gefördert, weil die Belohnung ebenfalls den unterentwickelten emotionalen Entwicklungsstand anspricht und die Kinder nur über die direkte Bedürfnisbefriedigung erreicht.**

Wenn kleine Kinder ihren Eltern behilflich sind und erleben, wie die Eltern sich freuen, hat die Handlung der Kinder einen Wert an sich. Die Freude und die Dankbarkeit der Eltern spiegeln sich auf der Bindungsebene wieder und liefern den

Kindern das Gefühl der sozialen Kompetenz. Die Eltern zeigen dem Kind, dass sie sich über seine Existenz freuen, weil es wichtig ist. Kinder führen Aktionen für die Eltern durch, um die Gunst ihrer Eltern zu erhalten. Die hier entstehende Interaktion ist eine Bestätigung des Bundes, welche über die Bindung der Kinder an ihren Eltern stattgefunden hat. Wenn die Kinder erleben, dass die Eltern sich freuen und stolz auf sie sind, fühlen sie sich geborgen und das Selbstbild „ich bin okay" kann sich etablieren.

Je früher Eltern die Handlungen an sich nicht mehr würdigen, sondern eine Belohnungstaktik in Anspruch nehmen, desto schneller lernen Kinder, nicht mehr für die Eltern zu handeln, sondern für die unterschiedlichen Belohnungen. Die Kinder lernen und verinnerlichen, dass ihre Handlungen keinen Sinn und keinen Wert an sich haben, und dass es an und für sich nicht lohnenswert ist, die adäquate Handlung durchzuführen. Sie lernen im Gegensatz dazu, dass der Wert der Handlungen der dafür erhaltenden oder in Aussicht gestellten Belohnung entspricht. Und dass sich ein Verhalten nur dann lohnt, wenn eine entsprechende Belohnung folgt. Somit verliert die Zuwendung auf der Bindungsebene seinen belohnenden Charakter und wirkt für die Kinder nicht mehr attraktiv.

> **Durch die materielle Belohnung lernen die Kinder, dass die Handlung keinen Sinn an sich hat, sondern ihre Wertigkeit in der dafür erhaltenen materiellen Belohnung liegt und die Zuwendung auf der Bindungsebene nicht Belohnung genug ist.**

„Betty, kannst du mir bitte eine Flasche Wasser bringen?"
„Was krieg ich dafür?"
„Ich bin dir dankbar und gebe dir einen Kuss", antwortet ihr Vater.

Ob Betty diese Belohnung ihres Vaters annimmt und wie es in dieser Unterhaltung weitergeht, hängt ganz von dem ab, was Betty gelernt hat.

Hat sie gelernt, dass die Dankbarkeit ihres Vaters und ein Kuss von ihm etwas Wertvolles für sie sind und dass es eine wichtige Bestätigung und ein Ausdruck des zwischen ihnen bestehenden Bandes darstellt, so wird sie ihm seinen Wunsch erfüllen, weil es für sie wichtig ist, die Freude ihres Vaters zu sehen.

Hat sie hingegen gelernt, dass sie sich mit Dankbarkeit und mit einem Kuss ihres Vaters im Vergleich zu materiellen Belohnungen nichts kaufen kann, dann erfüllt sie seine Wünsche nicht. In diesem Fall ist dem Mädchen ihre Fähigkeit abhanden gekommen, für die reine Bindungsebene zu helfen.

Martin ist ein liebevoller vierjähriger Junge. Er lebt mit seiner alleinerziehenden Mutter und ist ihr stets behilflich. Da Martins Mutter nicht arbeitet, lebt sie mit ihrem Sohn ein eher bescheidenes Leben, ohne Luxus und ohne große materielle Geschenke. Sie verbringt viel Zeit mit ihm und steht ihm als Bindungsperson stets zur Verfügung. Martin ist ein sicherer Junge und geht seiner Mutter gerne helfend zur Hand.

Der Vater, zudem Martin keinen Kontakt hatte, nahm diesen wieder zu seinem Sohn auf und fing langsam an, sich ihm zu nähern. Da er

sehr verunsichert war und gerne die Liebe seines Sohnes für sich ge-
winnen wollte, schenkte er ihm regelmäßig Spielsachen. Eines Tages
kam er und wollte seinen Sohn abholen, hatte aber kein Geschenk
dabei. Der Junge beschwerte sich und weigerte sich, mit seinem Va-
ter mitzugehen. Das Verhalten des Jungen seiner Mutter gegenüber
hat sich dadurch nicht beeinträchtigen lassen und es hat keine Ver-
änderung gegeben.

Die Mutter ist für Martin die primäre und wichtigste Bindungsperson. Wenn er etwas für sie macht, dann weil er sie
lieb hat. Die Wichtigkeit dieser Handlungen findet sich auf
der Bindungsebene wieder, sie hat einen Wert an sich.

Weil der Vater ein schlechtes Gewissen hatte und sich
seiner Handlungen nicht sicher war und auch nicht wusste, wie sein Sohn auf ihn reagieren würde, versuchte er, sich
seine Gunst zu erkaufen. Dieser stieg auf das Spiel ein und
baute keine bedingungslose Bindung zu diesem auf, sondern
eine durch die Geschenke bedingte Beziehung. In dem Augenblick, indem die Geschenke weggefallen sind, hatte die
Bindung auch keinen Bestand mehr, weil sie nicht als Selbst-
zweck aufgebaut wurde. Martin hat gelernt, dass im Gegensatz zur Bindung zu seiner Mutter, die Bindung zu seinem
Vater nicht auf emotionaler, sondern auf materieller Ebene
basiert.

Ebenso verhält es sich mit den Schulleistungen. Wenn
den Kindern ein Euro oder ein anderes materielles Geschenk
für eine geschriebene Eins in der Schule gegeben wird, lernen diese, dass die Note an sich, die Freude der Eltern oder
die Freude der Lehrer/innen keine Belohnung darstellt.

Infolgedessen haben gute Noten ihren Wert nicht an sich, sondern sind nur ein Mittel zum Zweck. Kinder, vor allem kleine Kinder, lernen nicht, weil lernen und die Schule wichtig sind. Sie lernen auch nicht für ihr späteres Leben. Sie machen es einzig für die Eltern und für die Lehrer/innen, um ihnen zu gefallen und ihnen eine Freude zu machen. Es ist ein Verhalten, welches nur über die Bindungsebene erklärt und verstanden werden kann. Lieb gemeinte Geschenke wirken hier kontraproduktiv, da sie schnell die Belohnungssysteme auf der Ebene der zwischenmenschlichen Beziehung entwerten und aushebeln. Ebenso wird die Wertigkeit der Handlung an sich in Frage gestellt.

Eltern, die mit diesem Belohnungssystem ihre Kinder erziehen, haben ihnen leider beigebracht, dass sie nur mit einem Belohnungssystem gesteuert werden. Daraus folgt, dass der Rahmen und die Grenzen durch Strafen (der Entzug oder das Vorenthalten der Belohnung wird auch als Strafe bewertet) gezogen werden. Somit wird der ursprüngliche Wunsch, als nicht autoritäre Eltern dazustehen, nicht mehr realisiert. Die Kinder handeln nicht aus Überzeugung, also frei, sondern aus der Angst vor der Strafe. In dem Augenblick, in dem die Strafe wegfällt, entsprechen die Handlungen der Kinder nicht mehr den Regeln und auch nicht mehr den Erwartungen der Eltern.

Ein weiterer Aspekt besteht darin, dass die Kinder versuchen werden, die Strafen zu umgehen. Hierdurch werden sie sich in Heimlichkeiten verstricken. Sie werden ihren Eltern nur Kleinigkeiten mitteilen. Sie werden ihnen nur erzählen, was sie meinen, dass diese hören wollen. In einer Weiterführung bedeutet das, dass diese Kinder das Vertrauen zu ihren Eltern als Bindungspersonen verlieren. Hieraus resultiert, dass sich die Kinder in Stresssituationen bei Aktivierung des Bindungsbedürfnisses nicht mehr an sie wenden. So fühlen sich die Kinder allein und können ihr Erlebtes nicht verarbeiten.

Die Eltern-Kind-Beziehung leidet aber noch weit mehr, da die Eltern durch die Entfremdung ihrer Kinder das Vertrauen in sie verlieren und ihnen ihre Zweifel zeigen. Der hier entstehende Teufelskreis ist in den meisten Situationen nicht ohne externe Hilfe zu durchbrechen. Vor allem darf nicht den Kindern vorgehalten werden, dass sie sich das Vertrauen der Eltern verdienen müssen, wie die meisten Berater den Kindern zu erklären versuchen. Das Vertrauen ist immer ein Vorschuss, welches von den Eltern geleistet wird.

> **Parallel zu den Belohnungen werden die Strafen wichtig. Sie erzeugen Angst und führen zu Heimlichkeiten und zu einem Vertrauensverlust, so dass die Eltern nicht mehr als Sicherheit gebende Bindungsperson zur Verfügung stehen können. Der entstehende Teufelskreis aus Angst, Unsicherheit, Heimlichkeiten und Vertrauensverlust ist schwer zu durchbrechen, da der schwierige Vertrauensvorschuss der Eltern die einzige Methode darstellt.**

Exkurs - Warum Intuition alleine nicht genügt

Eine der gefährlichsten Aussagen, welche in den vergangen Jahren von medial bekannten Psychiatern und Psychotherapeuten gemacht wurde, war der Aufruf zurück zur Intuition. Damit die Eltern einen angemessenen Erziehungsstils ausleben und einen optimalen Weg mit ihren Kindern lernen, bedarf es nichts Weiteres, als intuitiv zu handeln. Es hat den Anschein, als sei intuitives Handeln die Umsetzung einer angeborenen Fähigkeit, welche sich bei allen Menschen fern der erlebten Erfahrungen entwickelt.

Wenn intuitives Handeln das Durchspielen eines angeborenen instinktiven Verhaltensrepertoires wäre, könnte ich diesen Rat beherzigen und verfolgen. Da dieses aber nicht der Fall ist, ist dieser Rat gefährlich und kann unter Umständen extremen Schaden verursachen. In der Begleitung, Beratung oder der Familientherapie begegne ich immer wieder Eltern, welche sehr liebend, einfühlsam und intuitiv handeln und agieren, und damit dem Kind ungewollt schaden.

Dieses liegt daran, dass der Wille zur Ablehnung der starken elterlichen Autorität den gemachten und erlebten Erfahrungen entgegensteht und diese zwei Pole sich gegenseitig ausschließen.

Die Intuition ist die Summe der gemachten Lebenserfahrung. Dieses Erlebte ist im unbewussten Gedächtnis des Menschen gespeichert und steuert sein Denken, sein Fühlen und sein Handeln. Intuitives Handeln entspricht einer persönlichen Bewertungsbasis. Wenn diese nicht bewusst ist, können Handlungen entstehen, die dem eigenen Wünschen entgegenstehen. Ein Mensch, welcher erlebt hat, dass „leichte Schläge auf den Hinterkopf" das Denkvermögen erhöhen, oder dass körperliche Züchtigung der einzige Erziehungsstil ist, wird seine Kinder intuitiv in genau dieser Art und Weise begegnen.

Wenn Veränderungen initiiert werden sollen, bedarf es der Reflektion des Erlebten, ein kritisches Hinterfragen und einen Willen zur Veränderung. Wer „nur" intuitiv handelt, wird sich in seinem Erziehungsstil analog zum Erziehungsstil seiner Eltern verhalten. Wenn dieser in Ordnung war, dann ist daran nichts auszusetzen. Hier geht es aber um die Eltern, welche sich geschworen haben, nicht so zu werden wie diese Eltern. Sie benötigen viel Kraft für ein reflektiertes und nicht intuitives Handeln.

Schlussgedanken

Kinder, die wir im Sprachgebrauch oder sogar in manchen Fachbüchern als Tyrannen bezeichnen, sind, wie ich hoffentlich habe aufzeigen können, überforderte und auf sich selbst gestellte Kinder. Es sind Kinder, die, ohne eine negativ befolgte Absicht der Eltern, unsicher sind, und den sicheren Hafen vermissen und suchen.

In den meisten von mir beschriebenen Situationen handelt es sich nicht um Kinder aus sozialen Brennpunkten, Kinder, die vernachlässigt werden oder Kinder psychisch kranker Eltern, sondern um Kinder aus ganz „normalen" Familien, mit sie liebenden und sich sorgenden fürsorglichen Eltern.

Aus irgendeinem Grund fehlt den Eltern die Klarheit in ihren Vorgaben. Diese wird aber dringend benötigt, um den Umgang mit ihren Kindern zu einem Gelingenden umzuwandeln.

„Es ist nie zu spät, eine gute Kindheit zu haben…", somit ist es nie zu spät, neu anzufangen, sogar bei Kindern im Jugendalter.

Meine Erfahrung mit den Eltern hat mir gezeigt, dass die Kinder auf die Klarheit und die Vorgaben der Eltern in der Regel positiv reagieren, dieses sich auf die Eltern überträgt und sie das Lachen neu entdecken, sich freuen, mit ihren Kindern zu interagieren und somit ein neues Zusammensein in die Wege geleitet wird.

Ich hoffe, dass wir Eltern stets die Kraft aufbringen, unser Handeln täglich zu reflektieren. Und seien Sie sich einer Sache gewiss, liebe Leserin und Leser: Einen Fehler zu machen ist nicht das Ende der Welt und auch nicht beschämend. Wir sollten nur versuchen, gemachte Fehler nicht zu wiederholen.